ハンガリーのかわいい建物

ARANYOS ÉPÜLETEK MAGYARORSZÁGON

水野貴博
MIZUNO TAKAHIRO

ledge

はじめに

ハンガリーはヨーロッパのほぼ中央に位置する内陸国で、国土は北海道より一回り大きい程度、人口は1千万人に満たない、小さめの国です。しかし、ユニークな歴史的背景のために、ヨーロッパでは昔からエキゾチックなイメージで捉えられてきました。

ハンガリーで多数派を占めているマジャル人は、9世紀に東からやってきて、しばらく周辺国との戦争を繰り返した後、現在の地に定着しました。やたら長い綴りの単語が多く、不思議な響きのハンガリー語は、他のヨーロッパの言葉とはかなり異なっていて、文法構造としてはむしろ日本語に近い言葉です。ヨーロッパで唯一、人名を姓→名の順で表記するのも、この言語の独特なところです。本書でも、ハンガリー人の名前は、姓→名の順で記しています。

オリエンタルな文化は、ハンガリーの観光の目玉にもなっています。大平原では現在でも千年前の遊牧生活を彷彿とさせる牧畜が行われていて、馬術ショーが人気です。また、哀愁漂うジプシー音楽の生演奏が聞けるレストランがたくさんありますが、ジプシー音楽はかつてハンガリーの民謡とみなされて、「ハンガリー舞曲」など有名なクラシック音楽にインスピレーションを与えてきました。

本書では、そんな個性的な国ハンガリーの、19世紀後半から20世紀前半の建築を取り上げています。この時期のハンガリーは、東欧の連合国家「オーストリア＝ハンガリー二重帝国」でオーストリアと対等な支配側の立場であり、現在の3倍以上の面積がある多民族国家でした。この繁栄期に、それまで農村部に育まれていたハンガリー文化の個性が、豊かな建築文化として開花したのです。第一次世界大戦後に民族ごとの分布に基づいて国境が引きなおされましたが、そのときに国境の外になってしまったエリアにも、ハンガリー建築は多く残されています。

1章では、ハンガリー建築を理解するための地理環境や文化的背景、ヨーロッパの近代建築の流れを概観します。2章では、キーとなる作品を13のテーマで取り上げて、作品の観察のポイントや設計の背景を解説します。各テーマでは、メインとして取り上げた作品といっしょに観察するとより理解が深まる作品も紹介しています。そして、コラムでは、実際にハンガリーで建築作品を見学するとき、訪れるとよりハンガリー建築の理解が深まる地域を案内します。

それでは、さっそくハンガリー建築の魅力をめぐる旅に出発しましょう。

水野貴博

CONTENTS

ブックデザイン／chichols　イラスト／えんがわ　組版／ユーホーワークス　印刷・製本／図書印刷
写真／Alamy（26頁、42頁、48頁、55頁、56頁、65頁、94頁、122頁、127頁、128頁）

1章

ハンガリーってどんなところ？

中欧の小国・ハンガリー。
西欧の大国とは一味違った素朴で大らかな雰囲気は、
どのように形成されたのか。その歴史を見ていきましょう。

のどかな小国でも波乱万丈の歴史

ハンガリーの平原

ハンガリーを航空写真で見ると、ひらがなの「つ」の字を描くようなカルパチア山脈に囲まれた、大きく平らな盆地の中央にある。現在は豊かな農地や草原が広がるこの地域は、古代から東方の遊牧民の侵入が繰り返されてきた。そのなかで9世紀にやってきたマジャル人が定着して建国したのがハンガリーだ。このような建国の背景に加え、言葉も周辺諸国とは全く異なることから、ハンガリー人はどことなく、自分たちがヨーロッパの中でも異質な存在だと常に意識している。

しかし、13世紀にはモンゴルに蹂躙され、16世紀にはオスマン帝国とオーストリアのハプスブルク家によって領土を分断されるという苦難を経たハンガリー人は、自分たちこそがヨーロッパとキリスト教文化の防波堤だという意識も持つようにもなった。このジレンマから、ヨーロッパの他国にも負けない独自の建築文化を創造しようとする、19世紀末から20世紀前半のハンガリー建築の挑戦が始まったのだ。

東西文化の衝突地帯

民族ごとに分かれた小さな国々がひしめいている中東欧地域だが、かつての住民構成はさらに複雑で、現在のハンガリーの領域内でも、マジャル人以外の民族の生活領域が重なり合っていた。さらにこの地を長く支配したオスマン帝国やハプスブルク帝国も、ハンガリーの文化に強く影響を与えている。

マジャル人がキリスト教を受け入れて定住した後のハンガリーは、西ヨーロッパの建築を採り入れてきた。とりわけ、17～20世紀初頭のハプスブルク家の統治のもとで、オーストリアの文化との結びつきが強まる。ウィーンの国際的な文化が、各地に残るバロック様式の宮殿や、ブダペストの重厚な歴史主義建築に影響を及ぼしている

西ヨーロッパからの影響が強かったハンガリーだが、ロシアやバルカン半島に広がる東欧のギリシャ正教文化圏との境界に位置していて、東西の文化の接する緊張感のある地域でもあった。旧ハンガリー王国領の一部は、現在セルビアやルーマニアなど正教文化圏の国々に属している。また、第二次世界大戦後に東側ブロックに組み込まれ、一時期ソ連の建築の影響も強く受けてもいた

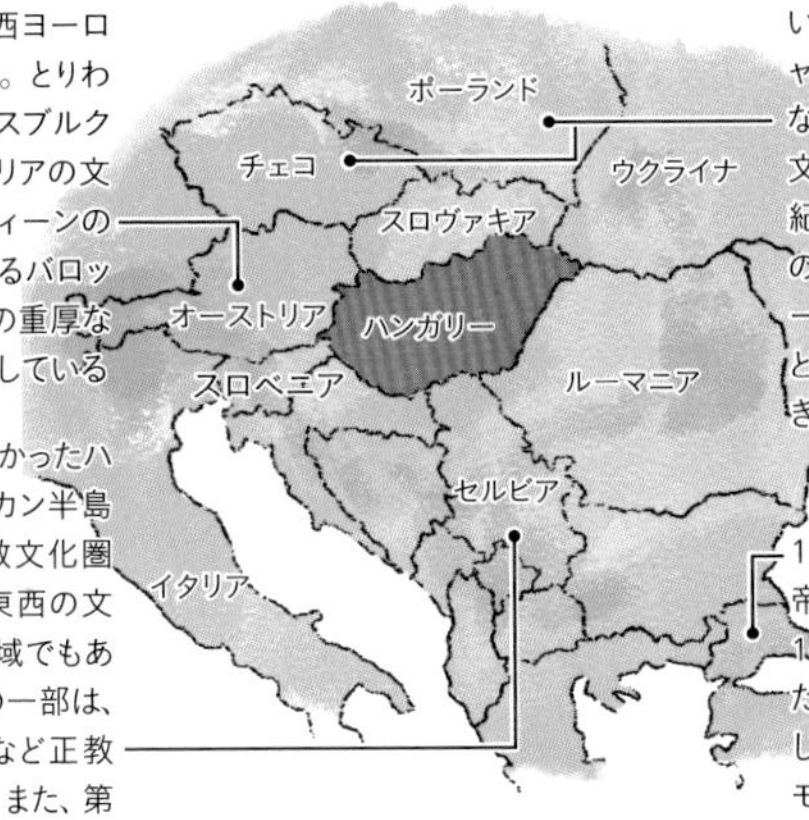

カルパチア山脈の内側全体を占めていた旧ハンガリー王国領内では、マジャル人だけでなくスラブ系、ドイツ系など多くの民族が、それぞれの農村文化を開花させてきた。また、19世紀の民族意識の高まりとともに、周辺のチェコやポーランドでも、ハンガリーと連動するように、農村の伝統をもとに新しい建築を生み出そうとする動きが起こっている

1526年のモハーチの戦いでオスマン帝国に大敗したハンガリーは、その後1699年までイスラムの勢力下にあった。当時の面影を残す建物はわずかしか残されていないが、ドームを戴《いただ》くモスクやトルコ風の浴場がひっそりと街角にあり、西ヨーロッパとは異なるハンガリーの歴史を伝えている

⇩

さまざまな文化が建築に影響

オーストリアやフランスのバロック

バラトン湖のほとりの都市ケストヘイにあるフェシュテティッチ宮殿は、西ヨーロッパの影響を強く受けたバロック建築だ。現在の外観は1883～'87年の改築後の姿で、ドイツ圏によく見られる玉ねぎ型のドームを戴いた塔、フランスでよく用いられる台形の屋根を採用している

オスマン帝国のモスク

ハンガリー南部の都市ペーチには、オスマン帝国時代のモスクが2棟残されている。うち16世紀に建てられたガーズィ・カシム・パシャ・モスクは市の中心広場にあり、ローマ・カトリックの教会堂に改造されているが、現在でも街のシンボルとして親しまれている

東方正教会＋ドイツのゴシック

ブダペスト近郊の小都市ラーツケヴェには、オスマン帝国の支配から逃れてきたセルビア系住民が多く住んでいた。彼らが建てた15世紀のセルビア正教会堂は、西ヨーロッパのゴシック様式でありながら、内部の壁面は正教の聖人画でびっしり埋め尽くされていて、東西文化の融合が見られる

さまざまな信仰と建築

エステルゴム大聖堂

さまざまな民族が集まっている中東欧にあって、ハンガリーの宗教も多様だ。初代国王イシュトヴァーン1世がローマ・カトリックを受容し、西暦１０００年に戴冠したことによってハンガリー王国の歴史は始まった。宗教改革期には、ドイツ系の住民の間にルター派、ハンガリー系の住民の間にカルヴァン派が広まり、オスマン帝国の庇護下にあっても比較的宗教に寛容だったトランシルヴァニア地方で、これらプロテスタントの信仰が保証されて地位を確立。これに対し、ハプスブルク家が支配していた地域ではカトリックが優遇され、ハンガリーの宗教の状況は複雑になった。さらに、王国の領域内にはギリシャ正教を信仰する人々も多く住んでいた。

そして、ハンガリーの文化の発展に欠かせない存在だったのがユダヤ系住民だ。かつては地位が低かったが、19世紀のハンガリーで大きな勢力となり、都市には華やかなシナゴーグが建設されるようになった。

宗教ごとに異なる建築表現

ハンガリーの歴史的に重要な宗教建築の多くはローマ・カトリックのものだ。しかし、19世紀にプロテスタントやユダヤ教に対する制限が弱まると、各宗派の教義に対応した平面形式の新しい建築が建てられるようになった。

キリスト教（カトリック）の教会堂

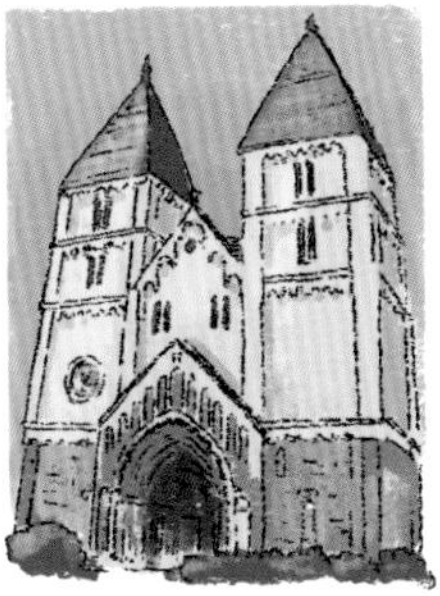

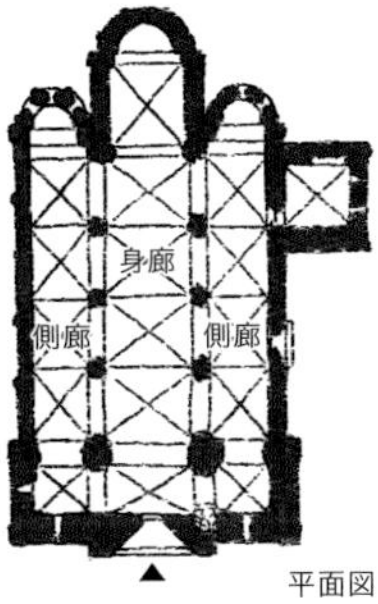

平面図

13世紀に建てられたヤークの教会堂は、ハンガリーを代表する中世のロマネスク建築の一つだ。モンゴルやオスマン帝国に蹂躙されたハンガリーには、周辺諸国と比べて古い建築があまり多く残されていないが、その中でも比較的保存状態のよい大建築だ。平面が奥行き方向に長く、列柱で三列に分けられている。天井が高い中央の「身廊」と呼ばれる列に対し、両側の「側廊」の天井はそれより低くなっている。この形式は、中世の聖堂の典型的な構成で、「三廊式」と呼ばれる

キリスト教（カルヴァン派）の教会堂

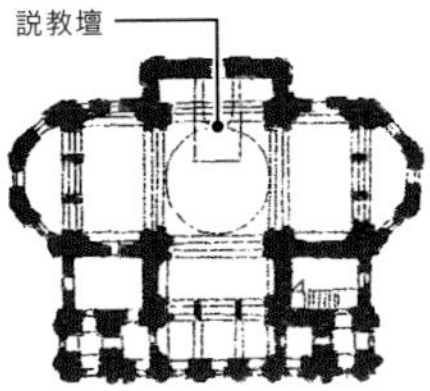

平面図

カルヴァン派は伝統的に彫像や図像の表現を謹んでおり、ローマ・カトリックのように祭壇に対して礼拝するのではなく、会衆が男女や社会的地位によって分かれて、中央の説教壇を囲むように着席することが多い。19世紀初頭にデブレツェンに建設されたハンガリー最大のカルヴァン派教会堂もこの形式に倣っている。他にも、19世紀から20世紀初頭にかけて、三角形や五角形を基準とした珍しい平面形式のカルヴァン派教会堂も登場している

ユダヤ教のシナゴーグ

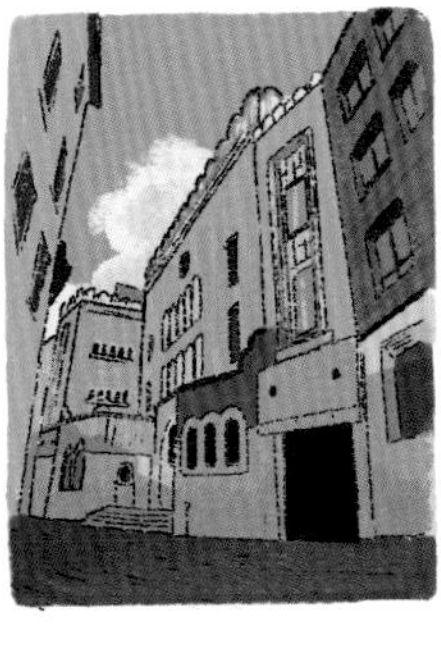

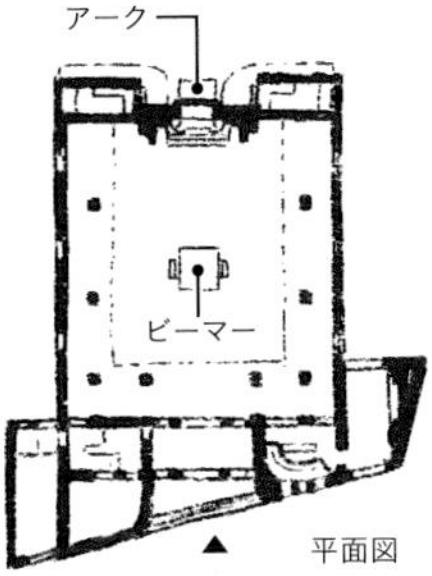

平面図

1912-'13年に建てられたブダペストのカジンツィ通りのシナゴーグ。ユダヤ教の礼拝施設シナゴーグでは、聖典トーラーを保管するためのアークと呼ばれる場所と、そのトーラーを詠唱するためのビーマーと呼ばれる壇が重要な存在だ。通常、アークは入口と反対側の東側の壁に壁龕《へきがん》（壁の窪み）として設けられ、ビーマーは室内の中央に設けられることが多い。中世のシナゴーグは、柱列で左右の空間に分ける二廊式にすることで、三廊式のキリスト教会堂との違いをあえて設けていたが、19世紀以後のシナゴーグにはさまざまな平面形式が見られる

19世紀末に発展した自由な都市美

ブダ地区からペシュト地区を眺める

首都ブダペストは、ハンガリーでは圧倒的な大都市で、ドナウ川が市の中央を貫く雄大な景観で知られる。川の西側のブダ地区には急峻な丘が聳え、東岸のペシュト地区には平地が広がる。名前からも分かるように、ブダペストはもともと別々の都市だった両岸が、１８４９年の完成当時に世界最長級だった鎖橋で結ばれたことをきっかけに、１８７３年に統合されて誕生した都市だ。19世紀を通して、川岸や丘の上には対岸からの眺望を意識した堂々とした街並みがつくられた。

一方、地方都市の雰囲気はブダペストとかなり異なる。特にドナウ川以東に広がる大平原の都市は、オスマン帝国の侵攻で一時荒廃した農村部から人々が集まって発展した、比較的新しい都市である。城壁に囲まれておらず、広場や緑地が随所にあり、道幅も広くゆったりとしている。明るく大きな空の下に、カラフルで斬新な建物が多く建てられているのがハンガリーの地方都市の魅力だ。

建築家の個性が各地の街並みを形成

ハンガリー独特の建築はブダペストにも数多く建てられたが、中心部の街並みを形成しているのは19世紀の歴史主義の重厚な公共建築だ。これに対し、地方には20世紀初頭に経済発展した都市が多く、当時の建築家たちが創造した、新しい表現を採用した奇抜な建物をいたるところで目にすることができる。

セゲド

ドナウ川に次ぐハンガリー第二の大河、ティサ川沿いにあるセゲドは、ハンガリー南部の経済の中心だ。バロック様式の市庁舎は、レヒネル・エデン［20頁］が独自の作風を確立する以前の作品で、他にもレエク・パロタのようなエレガントなアール・ヌーヴォーの建築を楽しむことができる

ドイチュ・ハーズ（レヒネル・エデン設計、1900）

ケチケメート

ケチケメートはプスタと呼ばれる草原地帯の中にあり、のどかな風情を残した緑豊かな都市だ。市庁舎はやはり若い頃のレヒネルが設計しており、近くには野趣あふれるツィフラ・パロタをはじめ、さまざまな作風の建築が集まっている

市庁舎［61頁］（レヒネル・エデン設計、1890-'97）

スボティツァ

国境のわずかに外、セゲドからも直線距離ではそれほど遠くないセルビアの都市スボティツァは、第一次世界大戦までハンガリーに属していた。当時の建物がよく残されており、市庁舎やシナゴーグなど、現在でも街のシンボルとして親しまれている

ライヒレ・パロタ（ライヒレ・フェレンツ設計、1904-'05）

オラデア

東の国境を越えてルーマニアに入ってすぐの都市オラデアも、かつてハンガリー領だった時代の建築が数多く見られることで知られている。黒鷲ホテルをはじめ、色鮮やかな建物がメインストリートから裏通りまであちこちに見られ、散策が楽しい都市だ

旧商工会議所（コモル・マルツェル＆ヤカブ・デジェー設計、1906-'07）

センテンドレ民家園

郷愁を誘う村落部の景色

ハンガリー人にとって、田舎は特別な意味を持っている。19世紀まで他国の支配が続き、自国独自の都市文化の伝統がほとんどなかったハンガリーにおいて、民族意識の拠り所は、農村に豊かに残る民芸や音楽の伝統だった。特に、旧ハンガリー領の東部、現ルーマニア領のトランシルヴァニア地方（ハンガリー語では「エルデーイ」。いずれも意味は「森の向こう側」）は、ハンガリー人の心の故郷である。

最初に注目を集めたのはカロタセグ地方の色鮮やかな刺繍で、これが国外で評判を集めると、各地の民俗文化が調査され始めた。建築分野でも民家が調査され、１８９６年にブダペストで開かれた建国千年記念博覧会では、地方から集められた職人が各地の民家を再現するなど、その豊かさが知られるようになった。19世紀から20世紀初頭に、ハンガリー独自の建築を模索し始めた建築家たちにとって、こうした民芸品や民家のディテールは、貴重な参考資料となった。

地域ごとに異なる民家の形態

同じハンガリー語を話すハンガリー人でも、北部のパローツ人、トランシルヴァニア東部のセーケイ人など、地方によって異なるアイデンティティを持つグループに分かれている。それぞれ民族衣装や民家のデザインも異なり、ハンガリーの文化のバラエティを支えている。

ティハニ

ハンガリー最大の湖、バラトン湖北岸の小さな半島に位置するティハニは、素朴な街並みが保存されている村として知られている。湖を望む高台に立つ修道院教会を取り囲む白い壁と茅葺や赤瓦の切妻屋根の家々は、ハンガリー西部の農村に典型的な民家だ

セーケイ地方

トランシルヴァニア地方東部のセーケイ地方は、現在でもハンガリー系住民が多数を占めている。この地方の農家に見られる、大小の入口を持つ大きな門は、セーケイ門と呼ばれ、ハンガリーの農村建築のシンボルとして20世紀初頭の建築家によく用いられた［79頁］

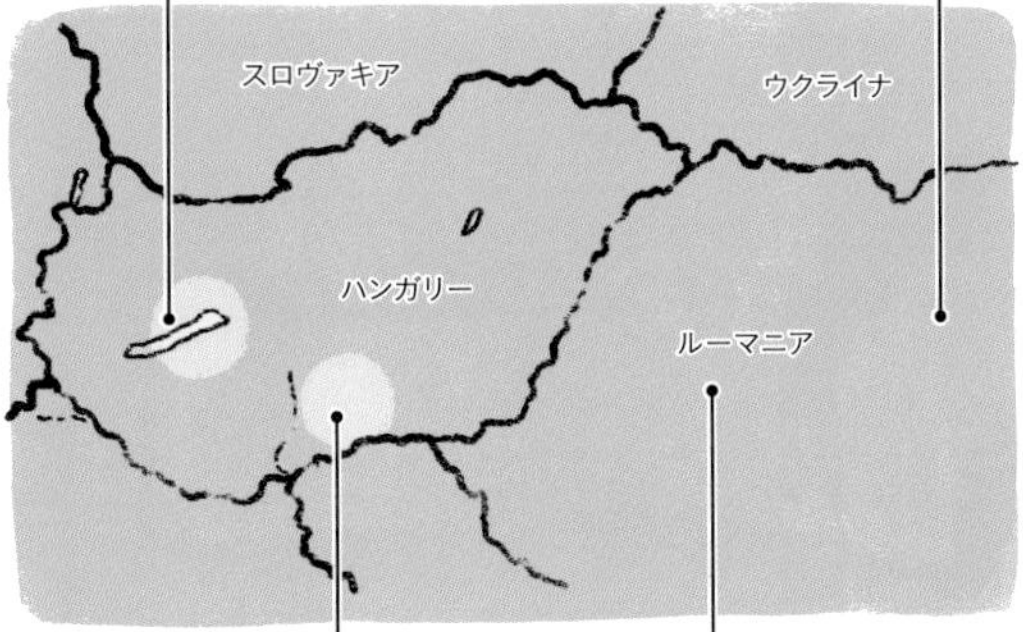

カロチャ

ハンガリー南部の小都市カロチャは、現在のハンガリーで土産品として定番の刺繍で知られる都市である。現在のデザインに発展したのは20世紀に入ってからのことだが、大判のカラフルな花柄が特徴で、民家の内壁にも同じデザインの装飾が描かれるようになった

カロタセグ地方

トランシルヴァニア中部のカロタセグ地方は、刺繍だけでなく建物の意匠でも注目を集めた。20世紀初頭の建築家たちは、この地方のカルヴァン派教会に見られる四隅に小塔の付いた三角形の塔、植物文様の格天井、民家の柱や日用品に刻まれた木彫りのデザインを積極的に採り入れている

ジョルナイ工房外観

ハンガリー建築に欠かせない美しきセラミック

ハンガリーは陶磁器の名産地としても知られているが、なかでも代表的なメーカーとして世界的に知られているのが、西部のヴェスプレーム県を拠点にしたヘレンドと、南部の都市ペーチを拠点としたジョルナイだ。両社とも設立は19世紀だが、外国で開かれた万国博覧会を通して、ブランドとしての地位を確立していった。ヘレンドが白い表面に繊細な絵柄を描く優美な磁器で、高級洋食器や人形で人気を博したのに対し、ジョルナイは独特の色合いの釉薬が特徴で、建築部材やタイルの分野でも名を上げている。

ハンガリーはもともと建設用の石材が豊かではなく、レンガ造に漆喰仕上げの建物が多い。加えて、農村では素朴に絵付けされた陶器が盛んに生産されていた。ハンガリーの建築家にとって、滑らかな質感のジョルナイ社製タイルは、硬い石材よりも馴染み深いもので、ハンガリーらしい新しい建築表現を求める際に、うってつけの材料であった。

「ジョルナイ工房」のタイル4つの魅力

1853年に設立されたジョルナイ社は、2代目のジョルナイ・ヴィルモシュの手で大きく発展した。当初はオリエンタルなデザインの、後にアール・ヌーヴォーの器が各国の万国博覧会で評判となり、独自に開発した技術が生んだ建設材料が建築家の表現を支えていった。

カラフルな色合い

ジョルナイの建築用タイルを特徴づけるのは、何よりも鮮やかな釉薬の色彩だ。1880年代に開発された色鮮やかなタイルは、レヒネルやその後継者たちが手掛けた世紀転換期のハンガリー建築に見られる独特の色彩感覚を表現するのに役立った

ペーチ郵便局ファサード頂部の装飾

寒暖差に動じない

夏は暑く冬は寒いハンガリーでは、屋外に用いる建設材料に強い耐候性が求められる。従来の石材もテラコッタもこの点で問題があったが、ジョルナイ社が1891年に開発したピログラニトは高温で焼成した凍結に強い素材で、さまざまな建築に用いられた

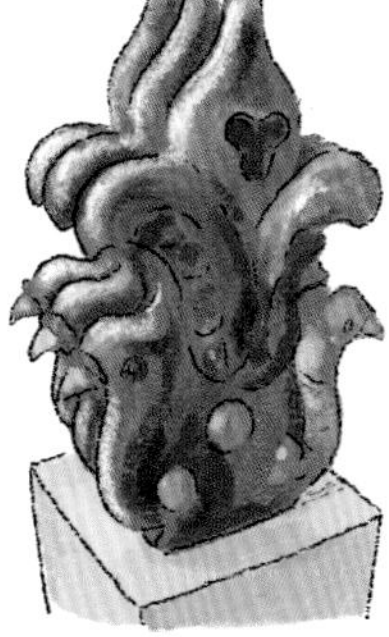

地質学研究所［26頁］の屋根飾り（ペーチのジョルナイ博物館の展示）

精緻な描画

ジョルナイの製品は、古典的なギリシャ風文様のディテールから、アール・ヌーヴォーのガラスの器のような有機的な形態まで、多様な表現に対応している。そのため、作風の異なる建築家たちが、それぞれの好みに応じてさまざまな場面でジョルナイの建築部材を用いている

ペーチのジョルナイ文化地区（旧工場敷地）に展示されている「No.145ロマネスク様式の暖炉」

特別な光沢感

ジョルナイの表現を特徴づける存在の一つに、エオシンと呼ばれる、緑がかった金属光沢が特徴的な釉薬がある。1890年代に開発されたこの釉薬は、他では見られない妖艶な輝きを放っていて、薄暗い室内の内装で用いられるときにとりわけ効果を発揮している

ペーチのセーチェニ広場の「ジョルナイの泉」

知っておきたい近代建築デザインの流れ

1867年、ハンガリーはオーストリア＝ハンガリー二重帝国体制の一翼を担う存在として内政上の自立を果たし、その後経済発展を遂げる。19世紀末から20世紀初頭は、文化的にも成熟期を迎え、他国の模倣ではない、ハンガリー独自の建築表現を求める動きが盛んになった。

といっても、ハンガリーの建築家たちが他のヨーロッパの建築界に背を向けたわけではない。むしろこの時期は、世界的にそれまで流行していた過去の建築様式に範を求める歴史主義に行き詰まりが生じていて、新しい建築表現の可能性を模索していた時期であった。機械による生産が圧倒的になるなかで、それに反発して職人の手仕事に人間らしい社会の理想を求める動きも、逆に機械が可能にした合理的な生産や表現を積極的に採り入れる動きも盛んになっていた。

ハンガリーの建築家は国際的な動きと連動しながら、自国の伝統を振り返り、近代建築の着地点を探していたのだ。

アール・ヌーヴォー

フランス語で「新しい芸術」を意味する、19世紀末のフランスやベルギーの芸術運動。歴史に代わり、植物など自然界のモチーフを採り入れた造形を特徴とし、錬鉄を用いた蔓草《つるくさ》のようにほっそりとした繊細な曲線、溶けかかったような曲面がよく用いられている

タッセル邸（ヴィクトル・オルタ設計、ブリュッセル、1992-'93）

近代ヨーロッパのさまざまな建築運動

19世紀末から20世紀初頭にかけての芸術は、広義でアール・ヌーヴォーとまとめられることも多いが、フランスのアール・ヌーヴォーとは異なる立場で建築表現の改革を模索する動きが各国で起こっている。なかでもハンガリーと関係の深い運動を取り上げておこう。

ゼツェッシオン

オーストリアの首都ウィーンで、伝統的な芸術観に反発した芸術家たちが結成した団体が「ゼツェッシオン（分離派）」だ。合理的な構造や新しい材料を用い、構造と装飾の分離を求めた建築家オットー・ヴァーグナーも、一時期この運動に属していた

ウィーン郵便貯金局
（オットー・ヴァーグナー設計、ウィーン、1904-'06）

アーツ・アンド・クラフツ

19世紀後半のイギリスで、詩人でデザイナーのウィリアム・モリスが主導した、機械によって大量生産された粗悪な製品を批判し、中世の職人の手仕事を理想化した芸術運動。生活全体を手作りの美しい工芸品で満たすことを理想とし、世紀末の芸術運動の先駆けとなった

赤い家
（フィリップ・ウェッブ設計、ベクスリーヒース、1859-'60）

ナショナル・ロマンティシズム

20世紀初頭の北欧諸国では、レンガや石の素朴で伝統的な造形を生かして自国独自の近代建築を創作しようとする動きが起こった。特に、ハンガリーと遠縁の民族であるフィンランドでは、荒々しい花崗岩の壁面や左右非対称の塔などの特徴的な多くの作品がつくられた

タンペレ大聖堂
（ラルス・ソンク設計、タンペレ、1905-'07）

アール・デコ

直線やコンパスで描ける幾何学的な図形、ガラスや金属のような工業的な材料、スピード感の強調が特徴のデザインで、第一次世界大戦後に流行した。1925年にパリで開かれた「アール・デコ博」をきっかけに世界中で人気を博し、わかりやすい表現で消費者の心を掴んだ

アール・デコ博 ボン・マルシェ館
（ルイ=イポリト・ボワロー設計、パリ、1925）

【年表】ハンガリーの建築家と作品

さまざまな建築家が活躍した19世紀末から20世紀初頭。このころに完成したハンガリーのユニークな建築作品と様式の流れを、年表形式で紹介する。

ブダペスト統一　1873
オーストリア＝ハンガリー帝国成立　1867

1880　1870　1860

ロマン主義

ヴィガドー●(1860-'64)

ルンバッハ通りのシナゴーグ(1870-'73)●

ドハーニ通りのシナゴーグ(1854-'59)●

●ハンガリー国会議事堂(1885-1904)

●ブダ王宮(1885-1905)

●マーチャーシュ教会(1873-1901)

● シュレック・フリジェシュ
(1841-1919)

中世建築を数多く修復した歴史主義の建築家。マーチャーシュ教会を華やかなモニュメントに改造する一方、ヤーク教会[11頁]は比較的忠実に当初の姿を再現しようとするなど、科学的視点と歴史ロマンの合間に揺れていた

● レヒネル・エデン
(1845-1914)

1900年前後のハンガリーで最も影響力をもった建築家。ヨーロッパやアジアのさまざまな様式を融合させて、ハンガリー独自の建築様式を創り出そうとした。20世紀初頭のハンガリーのユニークな建築の流れは彼から始まっている

● シュテインドル・イムレ
(1839-1902)

ハンガリー国会議事堂の設計者として知られるゴシック・リヴァイヴァルの大家。ウィーンで本格的な歴史主義を学び、ゴシックにルネサンスなどほかの様式の要素をバランスよく融合させて、繊細で洗練された作品を手掛けた

［凡例］
設計者を示す。本表［20〜23頁］内で紹介している建築家は名前横の●の色で、その他の建築家は●で示す
トーネット・ハーズ(1888-'89)●
建築年や改修年を示す

建国千年記念博覧会
1896

1905　1900　1895　1890

歴史主義

漁夫の砦（1894-1902）

ヴァイダフニャド城（1894-'96）

ケチケメート市庁舎（1890-'97）

聖ラースロー教会（1891-'97）

セゲドのシナゴーグ（1899-1903）

トーネット・ハーズ（1888-'89）

レヒネルの「ハンガリー様式」

地質学研究所（1896-'99）

シュミードル墓廟（1904）

工芸美術館（1891-'96）

シペキ・バラーシュ邸（1905-'13）

ブダペスト郵便貯金局（1899-1901）

ヴァーゴー（ゼツェッシオンの展開）

ツィフラ・パロタ（1902）

ライタ・ベーラ
（1873-1920）

レヒネルの事務所から出発し、海外の新しい動向に敏感に反応して、さまざまな作風に挑戦した建築家。世紀末から20世紀の近代建築への橋渡しの役割を果たした。彼の事務所からはハンガリーを代表するモダニズム建築家も巣立っている

コモル・マルツェル（1868-1944）
ヤカブ・デジェー（1864-1932）

レヒネルの事務所から巣立って共同事務所を構えたユダヤ系の建築家。レヒネルの作風を受け継ぎながらも、より大胆な造形と華やかな色彩の作品を地方都市に多く残している。コモルは建築評論家としても活躍した

1910　1905

ゲッレールト温泉(1909-'18)

ブダペスト動物園(ノイシュロス)(1909-'12)

テレク銀行(1905-'06)

セーチェニ温泉(1909-'13)

レヒネルの「ハンガリー様式」

聖エルジェーベト教会(1907-'13)

スボティツァ市庁舎(1906-'12)

トゥルグ・ムレシュ市庁舎(1905-'08)

トゥルグ・ムレシュ文化会館(1908-'13)

黒鷲ホテル(1905-'08)

アール・ヌーヴォー

レエク・パロタ(1906-'07)

ダルヴァシュ=ラ・ロッシュ邸(1909-'12)

アールカード・バザール(1908-'09)

ヴェスプレームの劇場(1906-'08)

ショプロンの劇場(1909)

セーケイ民族博物館(1911-'13)

ブダペスト動物園(コーシュ)(1909-'12)

ユダヤ系盲人学校(1906-'11)

アール・デコ

ウーイ・シーンハーズ(1907-'09)

第一次世界大戦
1914-'18

1930　1920　1915

歴史主義と
アールヌーヴォー
などとの折衷

メッジャサイ・イシュトヴァーン
(1877-1959)
鉄筋コンクリートの特性を生かした新しい建築の造形原理を創り出そうとした建築家。ディテールにはトランシルヴァニア地方の民俗建築のデザインを応用しながらも、国際的に通用する新しいデザインを目指していた

コーシュ・カーロイ
(1883-1977)
建築家グループ「フィアタロク」(若者たち)の中心的存在で、トランシルヴァニアの農村の建築に基づいた作品を設計した。小説家、歴史家、民俗学者としても活動し、多民族が共存するトランシルヴァニア地方の魅力を発信した

歴史主義

コモル＆ヤカブ
(レヒネルの
「ハンガリー様式」の展開)

ヴァーゴー(ゼツェッシオンの展開)

メッジャサイ

ケレンフェルドのカルヴァン派教会(1928-'29)

コーシュ(トランシルヴァニア派)

ヴェケルレ住宅地(1912-'13)

フィンランドの影響

ヴァーロシュマヨルのローマ・カトリック教会(小教会)(1922-'25)

ヴァーロシュリゲティ通りの
カルヴァン派教会(1911-'13)

モダニズム

ヴァーロシュマヨルの
ローマ・カトリック教会(聖心教会)(1931-'33)

ロージャヴェルジ・ハーズ(1911-'12)

2章

ハンガリーの かわいい建物案内

ハンガリーには、なんとも美しくかわいらしい意匠の
建物が数多くあります。独自の建築文化を創造するまでに
歩んできた道のりを見てみましょう。

ハンガリーとその周辺国

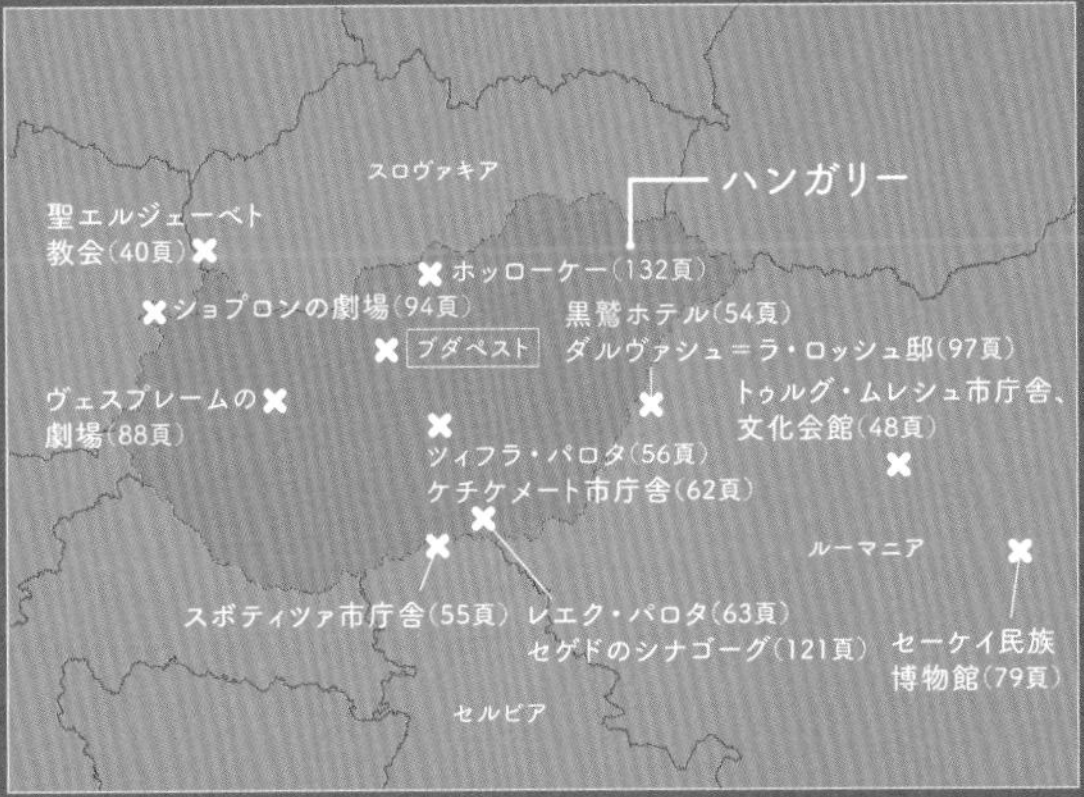

スロヴァキア
ハンガリー
聖エルジェーベト教会(40頁)
ホッローケー(132頁)
ショプロンの劇場(94頁)
黒鷲ホテル(54頁)
ブダペスト
ダルヴァシュ＝ラ・ロッシュ邸(97頁)
ヴェスプレームの劇場(88頁)
トゥルグ・ムレシュ市庁舎、文化会館(48頁)
ツィフラ・パロタ(56頁)
ケチケメート市庁舎(62頁)
ルーマニア
スボティツァ市庁舎(55頁)
レエク・パロタ(63頁)
セゲドのシナゴーグ(121頁)
セーケイ民族博物館(79頁)
セルビア

ブダペスト市とその周辺

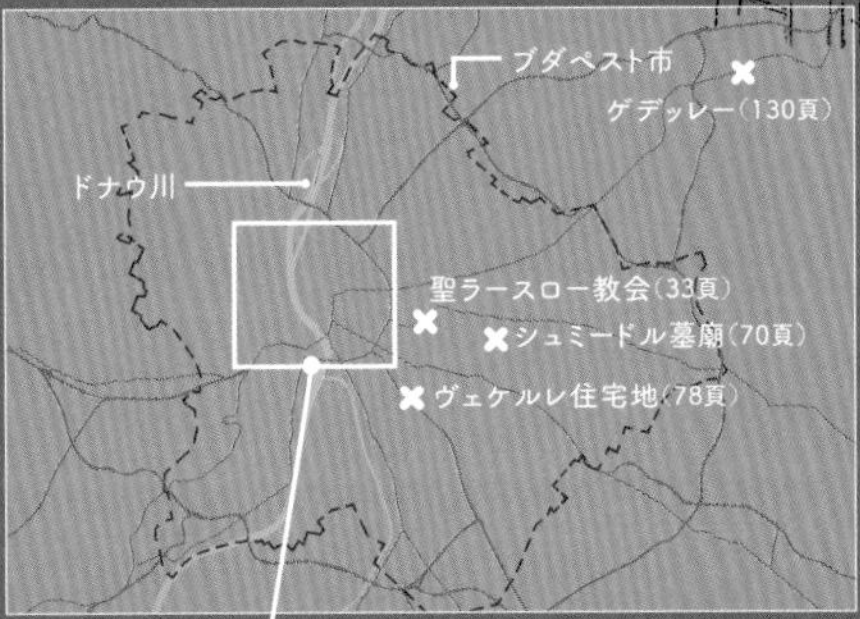

ブダペスト市
ゲデッレー(130頁)
ドナウ川
聖ラースロー教会(33頁)
シュミードル墓廟(70頁)
ヴェケルレ住宅地(78頁)

ブダペスト市街

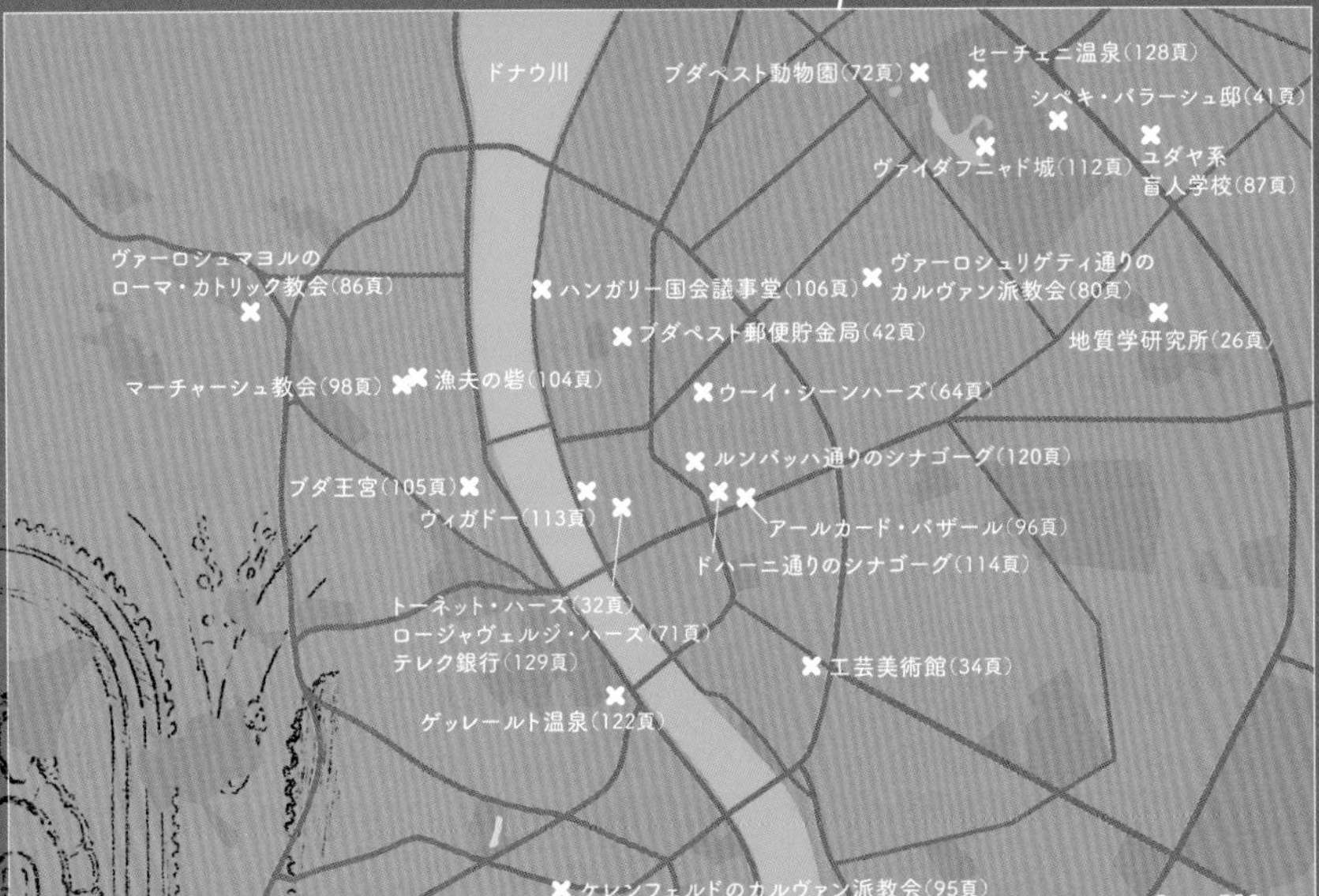

ドナウ川
ブダペスト動物園(72頁)
セーチェニ温泉(128頁)
シペキ・パラーシュ邸(41頁)
ヴァイダフニャド城(112頁)
ユダヤ系盲人学校(87頁)
ヴァーロシュマヨルのローマ・カトリック教会(86頁)
ハンガリー国会議事堂(106頁)
ヴァーロシュリゲティ通りのカルヴァン派教会(80頁)
地質学研究所(26頁)
ブダペスト郵便貯金局(42頁)
マーチャーシュ教会(98頁)
漁夫の砦(104頁)
ウーイ・シーンハーズ(64頁)
ルンバッハ通りのシナゴーグ(120頁)
ブダ王宮(105頁)
ヴィガドー(113頁)
アールカード・バザール(96頁)
ドハーニ通りのシナゴーグ(114頁)
トーネット・ハーズ(32頁)
ロージャヴェルジ・ハーズ(71頁)
テレク銀行(129頁)
工芸美術館(34頁)
ゲッレールト温泉(122頁)
ケレンフェルドのカルヴァン派教会(95頁)
0 500m

青い屋根が映し出したハンガリーの未来

地質学研究所

CHECK!

トーネット・ハーズ

聖ラースロー教会

漆喰仕上げの壁をレンガの帯がうねりながら縁どる奇妙なファサードの上に、三角形の青い屋根がリズムよく連なる。中央の屋根の頂部には、4人の巨人が地球を支えるモチーフで、地球史の研究施設というコンセプトを表現している

地質学研究所

（ブダペスト、1896-'99）

A Földtani Intézet

宮殿のような研究施設

ピラミッド型の急勾配の青い屋根が目を引く、まるでおとぎの国の宮殿のようなこの建物は、ハンガリーの建築家として最も世界的に知られている、レヒネル・エデンの代表作の一つ、地質学研究所だ。かわいらしい見た目からはちょっと想像しづらいが、当時最新の自然科学の研究機関として建設されたもので、1896年にコンペが行われ、1899年に竣工した。ほかの国のどんな建築にも似ていないエキゾチックな建物だが、単に奇をてらっているわけではなく、レヒネルが目指した、ハンガリー独自の建築表現の集大成であった。

独自といっても、東欧の小国ハンガリーに、そんなに強い個性の建築がもとからあったわけではない。それまでのハンガリーの建築は、たいていドイツやイタリアなどヨーロッパの先進地域の流行を採り入れたものだった。19世紀のヨーロッパでは、新しい建物を建てるときも、中世のゴシック様式や近世のルネサンス様式など、過去の建築様式のかたちを採り入れるのが普通だった。レヒネルも、初期にはトーネット・ハーズ［32頁］や聖ラースロー教会［33頁］のように、ヨーロッパの他国の歴史上の様式に基づいた作品をつくっていた。

アール・ヌーヴォーから学んだ優美な曲線美

ハンガリー建築界最大の巨匠レヒネル・エデンは、1880年代には歴史主義の建築家として大成していた。そんなレヒネルが各国から学んだ要素を融合させて創造しようとした「ハンガリー様式」の地質学研究所が、ばらばらな造形の寄せ集めに終わらず、個性的な味わいを持った作品として成功したのは、各要素を繋ぎ合わせる際の潤滑剤として、当時流行していたアール・ヌーヴォーのデザインを採り入れたからだろう。アール・ヌーヴォーの滑らかな曲線と独自の色彩感覚で、本来異質なはずの要素が見事に融合されている。

階段室から中庭に面した廊下を望む。大きな窓から明るい光が入り、大胆な曲線と繊細な装飾がうまく調和している。両開きの扉がおとぎ話の世界に誘っているようだ

壁は淡いクリーム色を基調とした温かい色彩で仕上げられ、建具の緑色がアクセントになっている

しかし、政治的に力をつけ、自国の歴史や文化を見直し始めていた当時のハンガリーの空気の中で、レヒネルは、ハンガリー独自の建築表現の可能性を探っていた。「ハンガリーの形態言語は過去ではなく、未来にある！」と、論文のタイトルでも主張したレヒネルは、西ヨーロッパ各国の堂々たる建築様式をベースにしつつ、徐々にハンガリーの民芸や、ハンガリー人のルーツであるアジアの建築など、さまざまな要素を融合して、自分の表現をつくり上げていった。

そんな前提で見直してみると、左右対称の構成や全体のプロポーションは歴史主義の伝統に従っていることがわかる。2本の塔が屹立するファサードは、どことなくゴシックの大聖堂のようだ。正面の破風は北方ルネサンスの影響だろう。

一方、ディテールに目を凝らすと、例えば内部の波打つアーチはインドのイスラム建築、溝のついた太い柱は、同じくインドの寺院建築を参考にしているのだろうか。天井や窓ガラスには、民族衣装の刺繍や家具のペイントに見られる花柄があしらわれている。

屋根や外壁の装飾に使われている青いタイルはジョルナイ社が手掛けたものだ。石材に乏しいこの国では、石積みよりも陶器やスタッコの仕上げの方がふさわしいと、レヒネルは考えていた。そして、この自由な形に加工しやすい材料が、同時期に流行していたアール・ヌーヴォーの影響を受けた、滑らかな曲面を可能にしているのだ。

緑豊かなブダペストの郊外住宅地に建つこの建物は、夏は街路樹の濃い緑に負けずに華やかな彩りを放ち、冬の雪の中ではパウダーシュガーをまぶした洋菓子のような姿で凛とたたずみ、個性を主張している。

東西建築文化の融合

若い頃はドイツで学び、フランスで勤務し、イギリスやイタリアに長期滞在したレヒネルは、各国の建築事情に通じていた。そんな彼が新しいハンガリー独自の様式を創造しようとしたとき、“融合”という手法を選んだのは、各国でさまざまな様式の融合から新たな造形が生まれた先例があったからである。この地質学研究所の細部を見ていくと、ヨーロッパ各地の建築様式とマジャル人の遠い故郷を思わせるアジアのデザイン、そしてハンガリーの民芸の装飾が織り交ぜられて一つになっているさまを読み解くことができる。

インドのイスラム王朝の建築に倣った花弁型のアーチは、建物のいたるところで用いられている。自然のモチーフを採り入れるのはアール・ヌーヴォーの特徴だが、ここではハンガリーの伝統的な刺繍から採り入れた花柄が違和感なくなじんでいる

2階から3階に上る階段の踊り場。うねるような階段の手摺が上階に誘う。照明はハンガリー伝統装飾に見られるケシの蕾をモチーフにしたものだろうか

CHECK!

トーネット・ハーズ

（ブダペスト、1888-'89）

Thonet-ház

ブダペスト中心の繁華街ヴァーツィ通りに建てられた商業施設。レヒネルは一時期、在来の中世建築とイタリアから入ってきた新しい建築が融合したフランスのルネサンス建築を、様式融合の成功例として意識しており、この建物にもその影響が伺える。さらに、アメリカのルイス・サリヴァンが錬鉄による繊細な装飾を、ウィーンのオットー・ヴァーグナーがタイルによる壁面の表現を試みようとしていた時代、レヒネルもここで錬鉄のフレームと装飾にジョルナイの壁面タイルという新しい建設材料の組み合わせに挑戦している。

ルネサンスの柱を両側からほっそりした中世風の柱が挟んでいる。壁面の青いタイルには図式化された植物文様が施され、中東のアラベスク文様のようにも見える

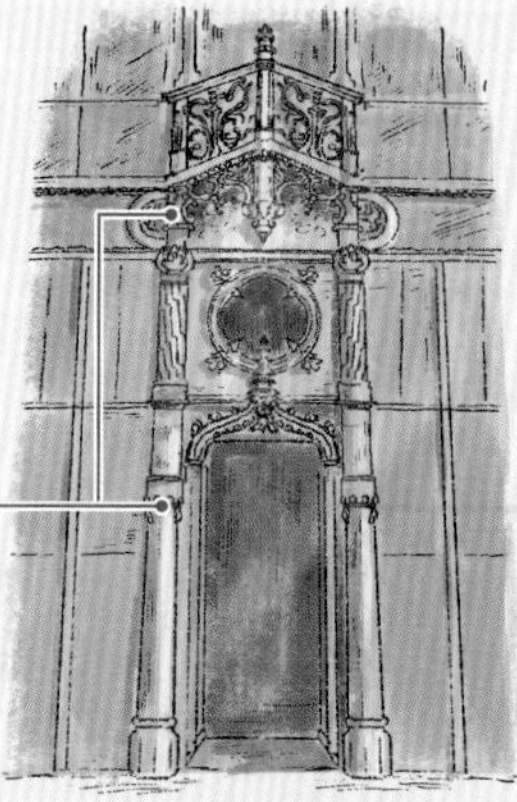

装飾が繊細なエントランス。繊細な装飾の施された錬鉄製のフレームは2階のバルコニーの手摺につながっている。曲線部分は蛇や植物を、そのほかの部分は羊の頭や貝殻、卵などをかたどっている

聖ラースロー教会の正面外観。六角形平面の尖塔の頂部が丸みを帯びている点にも、鋭く天を目指す一般のゴシック建築とは少し異なる、レヒネルらしい柔らかさが感じられる

CHECK!

聖ラースロー教会

（ブダペスト、1891-'97）

Szent László Templom

ブダペスト郊外のケーバーニャ地区にある聖ラースロー教会は、レヒネルが独自の表現を生み出すまでの苦悩の過程が感じられる作品だ。ハンガリー人の遠い故地である東方の文化への憧れからレヒネルが最初に選んだのは、ビザンチン様式［※］だった。市の建築局の要望により、結局は西ヨーロッパの中世起源のゴシック様式でつくられることになったが、カラフルなジョルナイ社製の屋根瓦や柔らかい陶器の装飾を多用したこの建物には、重厚な中世建築とは異なる温かみがある。

1892年にレヒネルが最初に提案した、ビザンチン様式の案。中央の大ドームを横から半ドームで支える構想は、現在のトルコのイスタンブールにビザンツ帝国時代の6世紀に建てられたハギア・ソフィア大聖堂をモデルにしたものだ

※　東ローマ帝国の首都コンスタンチノープルを中心に栄えた、キリスト教建築にオリエント要素を加えた建築様式。ドームやモザイクを多用した装飾が特徴

ハンガリー人よ、東へ!
東洋的感性のめざめ

工芸美術館

CHECK!

聖エルジェーベト教会

シペキ・バラーシュ邸

正面入口からの見上げ。緑と黄色の対比が強烈なドーム、中世の教会から引用した窓、イスラム建築のような植物文様のタイルと、さまざまな要素が組み合わさった、ほかのどこの国にも存在しない不思議なシルエットの建物だ

工芸美術館

（ブダペスト、1891-'96）

Iparművészeti Múzeum

レヒネルが東方に夢見た新しさ

セゲド〔13頁〕の市庁舎などの歴史主義の作品ですでに建築家としての地位を確立していたレヒネルが、新しい「ハンガリー様式」を創造しようとして挑んだ最初の作品が、工芸美術館である。地質学研究所〔26頁〕、ブダペスト郵便貯金局〔42頁〕と並ぶレヒネルの代表作であり、歴史的な様式に基づかない世界初の美術館とも言われている。

19世紀後半は、工業製品が人々の生活に浸透していった時代だった。商品を魅力的に見せるための装飾から「工芸」が生まれ、これが20世紀に「デザイン」と呼ばれる分野に発達する。商品は当時世界中が熱狂した万国博覧会の場で盛んに宣伝され、博覧会後にその展示品を収める工芸専門の美術館が各国で建てられていった。工芸美術館は、このような新しい分野の施設にふさわしく、建物自体で当時のハンガリー工芸の目標を示す作品となっている。

匿名のコンペでレヒネルと共同設計者パールトシュ・ジュラが用いたコードネームは、「ハンガリー人よ、東へ！」というものだった。その名が示す通り、レヒネルの作品の中でもアジアやイスラムの要素が特に多く見られる。正面の釣り鐘型のドームはモスク、中央ホールの骨組みは遊牧民のテントをイメージしたもので、内部のアーチはスペイン

素材で示すオリジナリティ

1890年に開かれた工芸美術館のコンペで、レヒネルの案は過去の様式の模倣ではない独自性を示し、ハンガリー伝統の陶器を利用した点が評価された。美術館のような公共建築は堂々とした歴史様式で建てられるのが普通だった時代に、このような評価は画期的なものだった。工芸美術館が竣工した1896年は、建国千年記念博覧会が開催され、ハンガリーが文化的にも最も充実していた時期であった。レヒネルはこの年まで建築家パールトシュ・ジュラと共同で設計していたが、作風に決定的な方向性が生まれたこの作品を最後に2人は別々の道を歩み始めた。

エントランスのポーチ。柱などにピログラニトと呼ばれる凍結に強いタイルを用いている。この素材のおかげで、外気にさらされる部分にも繊細な装飾を施すことが可能になった

エントランスポーチの手摺の装飾。このような曲線は、フランスのアール・ヌーヴォーであれば鉄を使って表現するところだが、ここでは滑らかな質感の陶器を採用。レヒネルのオリジナリティが光る

や北アフリカのイスラム建築を意識している。と同時に、天井や壁の漆喰仕上げには、民芸品や田舎の建物に見られるハンガリーらしい装飾が用いられていた。

　ハンガリー人は東方からやってきた遊牧民族といっても、その故郷はユーラシア大陸の平原地帯で、インドやイスラム文化圏と直接の関係はない。アジアというだけでそれらのモチーフを「ハンガリー様式」に引用するのは少し乱暴にも思えるが、これには背景がある。１８８０年代、美術史家で民俗学者でもあったフスカ・ヨージェフが、ハンガリーの民芸のモチーフとインドやペルシャ、中央アジアの文化との間に親戚関係があると唱え、大きな議論を呼んでいた。レヒネルもこの説に刺激を受けていたのだ。

　このように各国の過去のデザインを採り入れる一方、当時のヨーロッパの最新の建築の流れにも足並みを揃えている。明るい中央ホールは、当時の公共建築でよく見られた鉄とガラスを使った大空間である。階段の手摺などの曲線には、アール・ヌーヴォーの影響が見られる。

　レヒネルの作品を時代順に追うと、西洋と東洋の要素が融合し、一つになっていく過程が見てとれる。それまでヨーロッパ各国の様式の融合を試みていたレヒネルが、アジアとの折衷も意識し始めたのが工芸美術館であるが、ゴシック建築から採り入れた正面中央の三つ葉型の窓のように、個々の要素の引用元がわかりやすい。しかし、地質学研究所、ブダペスト郵便貯金局ではより曲線的な表現になり、もともとのモチーフを見極めるのが難しくなっていく。そして、聖エルジェーベト教会やシペキ邸〔40・41頁〕では、すべての要素が滑らかな曲面に溶け合っていくのだ。

曲線のディテールを堪能

工芸美術館の内部は、改修や戦災を経てほとんどの部分が白く塗り込められているが、そのためにかえって繊細なディテールにまで目が届きやすい。中央ホールの天窓から入った光が、天井や柱に美しい陰影をもたらしている。インドのイスラム建築の影響を受けた内装には、ハンガリーの陶芸から採り入れた曲線的な装飾がよく調和している。

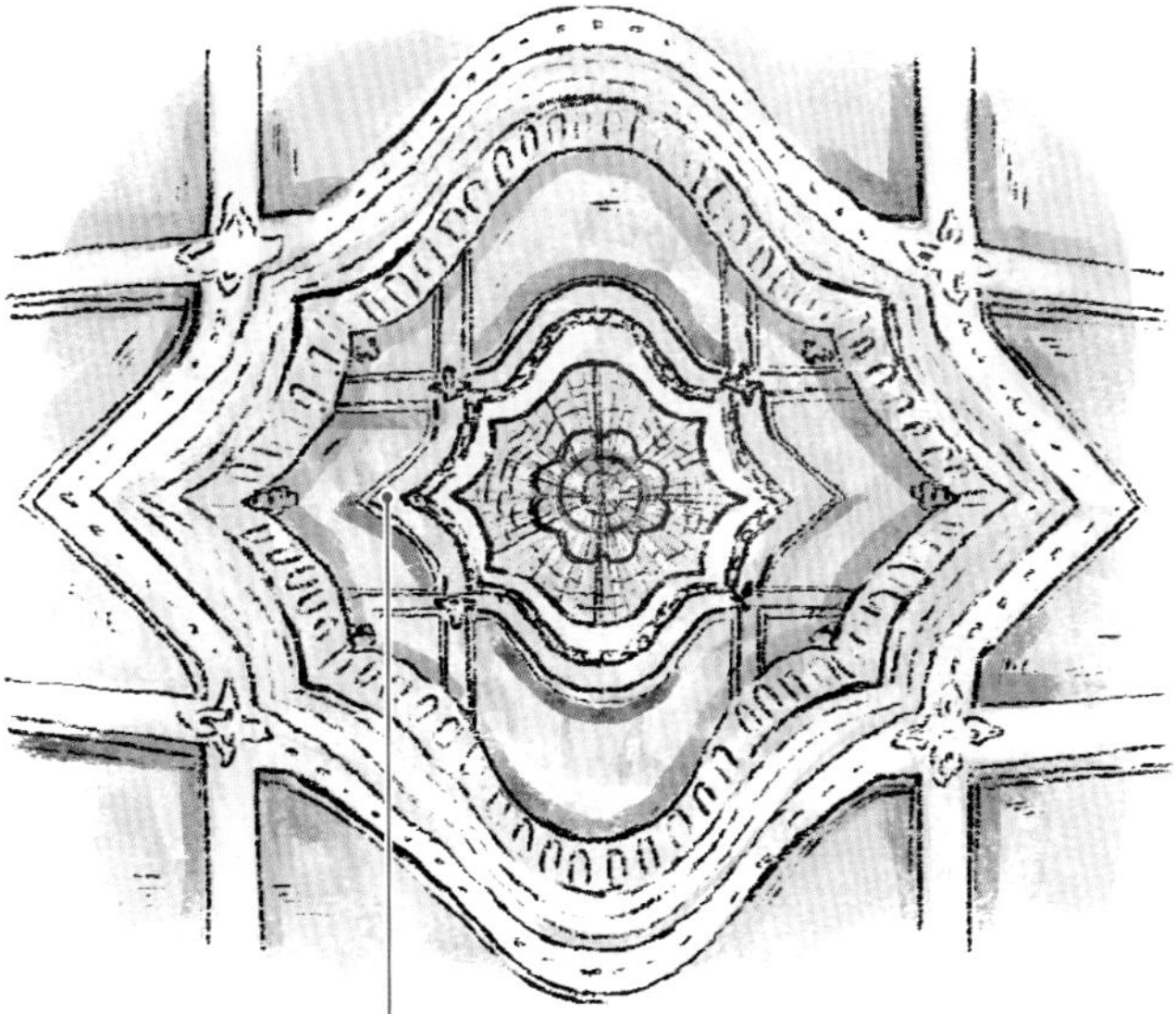

エントランスホールの天井。洞窟のように幾重にも重なる曲線状の吹抜けの先に、カラフルなステンドグラスの天窓が輝き、奥行きが強調されている

エントランスポーチの天井には、曲線的で色鮮やかな植物文様が張り巡らされている。地質学研究所［26頁］と同様、ハンガリーの民芸を感じさせるディテールだ

もともとはケーバーニャの聖ラースロー教会［33頁］と同じように、大きなドーム屋根で覆われた建物を構想していたが、ハンガリーの伝統的な寄棟屋根で建設された。塔の頂部はハンガリー王国の王冠（聖イシュトヴァーンの王冠）を模している

CHECK!

聖エルジェーベト教会

（ブラチスラヴァ、1907-'13）

Szent Erzsébet Templom

建設当時ハンガリー領だった、現スロヴァキアの首都ブラチスラヴァにある、通称「青の教会」。隣接するローマ・カトリックの高等学校の付属礼拝堂として、高等学校の設計者だったレヒネルに依頼されたが、市からの敷地提供条件を受けて地域住民の礼拝にも用いられるようになった。とろけるケーキのような外観は周囲から際立っていて、世界各地の建築とハンガリーの民芸から採り入れた要素が完全に融合した、レヒネルの「ハンガリー様式」の到達点を示している。

外装も内装も水色を中心としたパステルカラー。滑らかな曲線でつくれた天井やベンチには、手づくりのおもちゃのような温もりがある

レヒネルは住宅作品もいくつか手掛けているが、なかでもよく知られているのがブダペスト郊外の閑静な住宅地に建つシペキ・バラーシュ邸である。聖エルジェーベト教会と並び、レヒネルの後期の作風を代表する作品の一つだ。工芸美術館や地質学研究所で大きな特徴だった壁面のレンガの帯は、これらの作品では漆喰で隠され、壁面はクリームのかかったお菓子のような表現になっている。レヒネルの様式の融合の完成形が、この壁面によく表れている。

CHECK!

シペキ・バラーシュ邸

（ブダペスト、1905-'07）

Sipeki Balás Villája

柔らかい壁面だけでなく、三角形のとんがり屋根、ずんぐりした塔がつくるシルエットも相まって、妖精の家のような現実感のない可愛らしさが生まれている。施主のシペキ・バラーシュ・ベーラは法律家で、法務省の顧問も務めた人物。現在は公共団体（ハンガリー国立視覚障害協会）の本部で、一般見学は不可。2024年2月に修復作業が完了し、外壁の色は本来の白とグレーに戻されている

入口のキャノピーやサンルームの鉄の造形には、アール・ヌーヴォーの影響が色濃く表れている

最新施設には新時代のデザインを

ブダペスト
郵便貯金局

外観。工芸美術館と同じく、屋根には、ジョルナイ社製の緑と黄色の瓦を用いている。うねるような波形のパラペットは、レヒネルの他の作品にも見られない特徴だ

ブダペスト郵便貯金局

（ブダペスト、1899-1901）

Magyar Királyi Postatakarékpénztár

新事業「郵便貯金」を表現する建物

観光客でにぎわうブダペストの中心地の少し北、落ち着いた官庁街の中でひときわ異彩を放っているのが、レヒネル設計のブダペスト郵便貯金局だ。縦に走る細いレンガの柱で垂直方向を強調した造形は、各層を積み重ねて水平方向を強調する古典的な構成の建物とは一線を画している。建物の規模の割に接道が狭く、仰ぎ見るように眺めなければならないこともあって、さらに垂直性が強く感じられる。

この柱が壁面からわずかに浮き出ている以外、全体的に壁面の凹凸がなく平滑に仕上げられている。地質学研究所［26頁］や工芸美術館［34頁］が、ディテールで個性を発揮しながらも、プロポーションとしては歴史主義の造形を踏まえていたのに対し、この郵便貯金局は、左右対称の歴史主義建築の面影をわずかに残しつつも、のっぺりとした表面のために既存の建物とは全く異なった印象になっている。

壁の基礎部分は重厚な石張りだが、アーチ型の窓を縁どるレンガの帯が上に行くに従って簡潔になり、上層階では白い漆喰壁の中に二連窓が軽快に並んでいる。さらに、壁の頂部では連続したパラペットがうねるように走っている。ピログラニトの黄色いタイルに縁どられたパラペットの壁には民芸の花柄があしらわれており、民族衣装のような華

金融機関としての安心と信頼をユーモラスに表現

工芸美術館や地質学研究所と並び、レヒネルが自らのスタイルを確立した時期の作品だ。レヒネルの作品の中でも特にユニークな造形で、特定の歴史的様式からの影響を感じにくい建物でもある。1899年に開かれた最初のコンペで、この作品は2位となった。しかしその結果に建築界から反論が湧き、翌年の再度のコンペで改めて1位となって建設された。躍動感と力強さを備えたファサードは、最新の制度に基づく新しい施設に求められる新鮮さと、金融機関に求められる安定感の両方をうまく表現している。

屋根面は建物に近づくとほとんど見えないが、離れた場所から眺めるとその装飾性が際立つ。緑と黄色のピログラニトの屋根は遊牧民のテントを模している。頂部の牛の頭は、「アッティラの盃」という名で知られる中世初期の黄金出土品のモチーフ。アッティラとは当時のハンガリー人が先祖と関係していると考えていた5世紀のフン族の王で、牛は遊牧民だったハンガリー人にとって大切な家畜のシンボルでもある

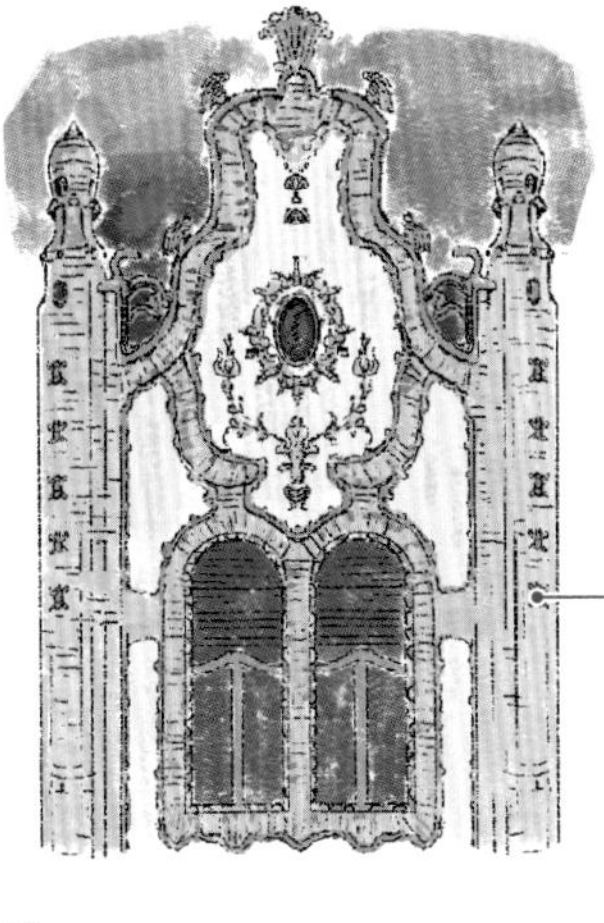

柱には一直線に並んで登るミツバチ、柱の頂部にはハチの巣がタイルで表現されている。勤勉と貯蓄を象徴するモチーフがさりげなく組み込まれているのだ

やかさだ。下から上に視線を動かすと、重たい建物が躍動感のある造形に徐々に変化していく対比が、この建物の最大の魅力になっている。

この郵便貯金局の内装の多くは第二次世界大戦の爆撃で失われてしまい、現在では財務省の施設として用いられているため、気軽に内部見学することもできない。しかし、レヒネル独自のデザインが完成の域に達したことを示す、見逃せない作品だ。

郵便貯金局といえば、隣国オーストリアにあるオットー・ヴァーグナー設計のウィーン郵便貯金局［19頁］が有名だ。ブダペスト郵便貯金局の5年後に完成したこの建物は、玄関のキャノピーや空調の吹き出し口にアルミニウムという近代的な材料を用い、天井の摺り板ガラスや床のガラスブロックを通って均質な光が下の階に届く、近未来のような空間を実現している。ほぼ同時期に同じ用途の建物を設計していながら、オーストリアとハンガリーでは目指す方向性が全く異なっているのが面白い。

現在ほど通信ネットワークが発達していなかった時代、全国津々浦々に結ばれた郵便のネットワークを利用して送金業務を行う郵便貯金は、目新しい事業だった。レヒネルの大作はどれも当時としては新しい機能のために建てられた施設だが、このような最新の施設にふさわしい表現として、彼の斬新なデザインが選ばれているのだ。活動初期には歴史主義で市庁舎を建てていたレヒネルだが、独自性を確立してからは、ブダペストで建設中だった官庁建築のような、威厳や落ち着きを求められる建物にほとんど関わることができなかった。しかし、当時のハンガリー建築界でのレヒネルの存在は大きく、多くの建築家が彼の薫陶を受けて育っていった。

生命力あふれる内観

地質学研究所や工芸美術館の内部がインドやイスラム建築の影響を強く感じさせるのに対し、この郵便貯金局の内装はそういった異文化の建築よりも、むしろ自然界を意識しているように見える。植物の茎を模したような柱や花のつぼみのような形のランプは、フランスやベルギーのアール・ヌーヴォーからの影響を直接的に感じさせるが、可憐で繊細なフランスのアール・ヌーヴォーに比べ、力強く野性味のある表現になっている。

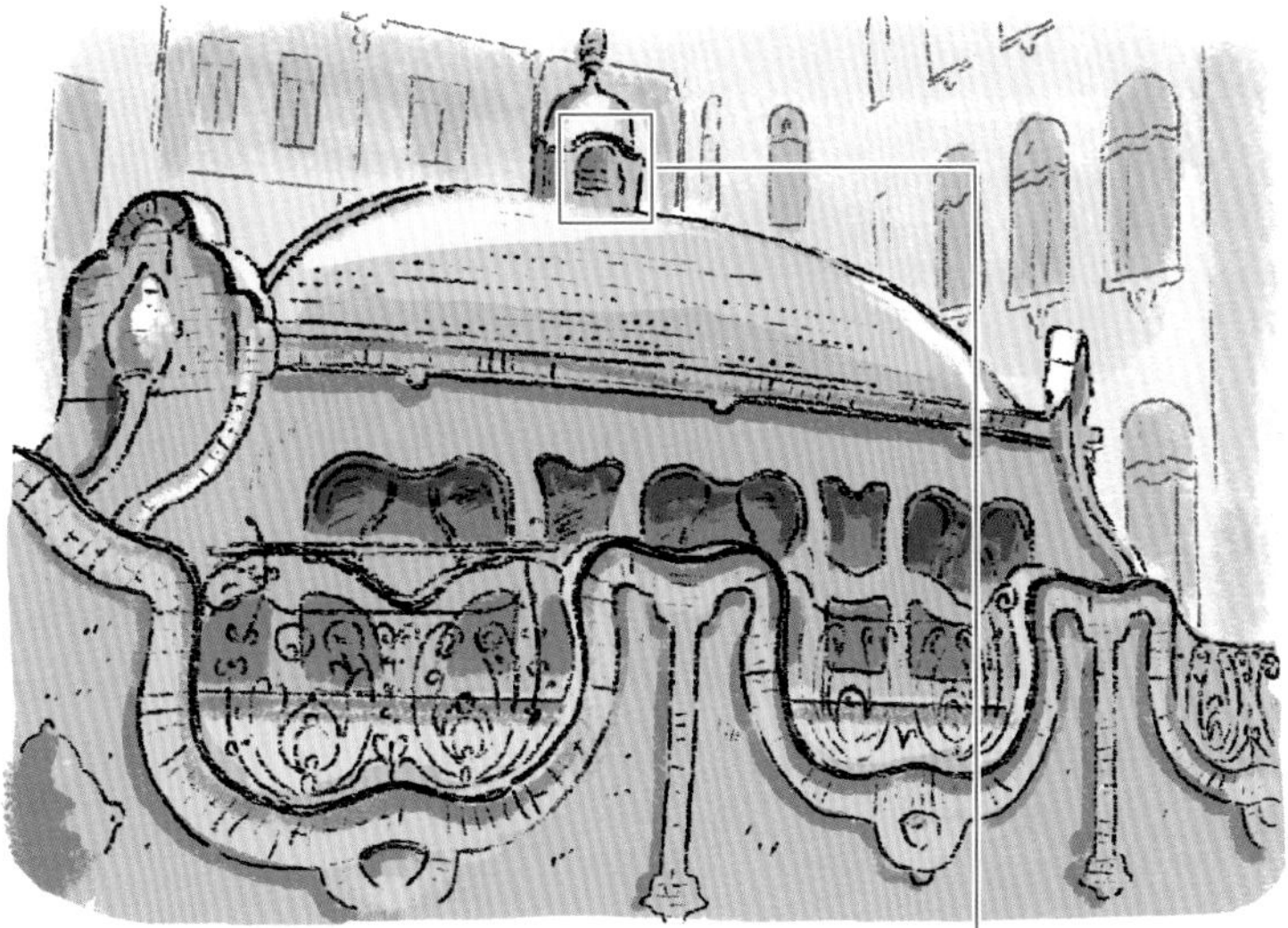

かつての中庭から見た、出納ホールの屋根。ガラス屋根が蜂の巣のように六角形で構成されていて、頂部も養蜂用の蜂の巣の形を模している

かつての出納ホール内部。ふくらみのついた力強い柱には無数のいぼがついていて、植物の茎のようだ。上部の窓の形も花弁や葉のような有機的な造形

「森の彼方の国」トランシルヴァニアの建築

トゥルグ・ムレシュ
市庁舎、文化会館

CHECK!

黒鷲ホテル

スボティツァ市庁舎

トゥルグ・ムレシュ市庁舎（左側）、文化会館（右側）の外観。荒々しい石積みの壁、切石の出窓、モザイク画といった中世風のモチーフを装飾に用いている

トゥルグ・ムレシュ市庁舎、文化会館

（トゥルグ・ムレシュ、1905-'08／1908-'13）

Marosvásárhelyi Közigazgatási Palota és Kultúrpalota

中欧のふるさとに
花開く芸術文化

20世紀初頭のハンガリー建築界では、多くの建築家がレヒネルの事務所で学び、彼の提唱する「ハンガリー様式」に賛同した。彼らは、レヒネルの路線の踏襲から始まり、徐々に個性を発揮していく。そんな後継者の中でも、コモル・マルツェルとヤカブ・デジェーは、独自の作風で知られている。力強い造形に加え、作品の建つ地域に伝統的な建築の特色も採り入れている点が、彼らの作品の特徴である。

共同事務所を構えていた彼らの作品は、現ルーマニア領オラデアの黒鷲ホテル、現セルビア領のスボティツァ市庁舎［54・55頁］など、その後ハンガリー領ではなくなった地方都市に建てられたものが多いが、現在でもそれらの都市の顔となっている。現在のルーマニア西部に当たるトランシルヴァニア地方の中心都市の一つトゥルグ・ムレシュに建てられた市庁舎（現在は県庁舎）と隣接する文化会館も、コモルとヤカブの代表作だ。

豊かな森となだらかな丘が続くトランシルヴァニア地方は、ルーマニア人だけでなく、ハンガリー人にとっても心の故郷である。ハンガリーがオスマン帝国に支配されていた時期も半独立状態を保っていたため、中世の建築が多く残り、ドイツ人、ルーマニア人といった民族の混住の中で豊かなフォークロアが生み出されてきた。19世紀以降の芸術

明るく彩られたデコラティブな内観

コモル・マルツェルとヤカブ・デジェーはユダヤ系建築家で、ユダヤ教の集会施設シナゴーグも手掛けているが、同時にハンガリー人としての意識も強くもっており、レヒネルの「ハンガリー様式」に共感していた。レヒネルの事務所での勤務を経て1897年に共同事務所を立ち上げ、多くの作品を手掛けた。トゥルグ・ムレシュ市庁舎に見られるように、レヒネルから受け継いだモチーフを華やかな色彩を用いて新しい造形に力強く展開している。

市庁舎エントランスホール。貝殻のような天井、開口部や壁の波打つ縁取りなど、レヒネルから受け継いで発展した造形が見られる

暖色系の色使いに細かな装飾が組み合わされ、来場者の心も弾む

エントランスホールの椅子。クジャクが羽を広げた様子を思わせる形状や、ジョルナイのエオシン釉を用いた陶器の金属光沢に、レヒネルのデザインを受け継ぎながらも個性を発揮していく過程が表れている

や文学に大きなインスピレーションを与えており、コモルやヤカブだけでなく、20世紀初頭の多くの建築家がこの地域の民家や教会建築に着目し、そのエッセンスを自らの設計に応用している。

トゥルグ・ムレシュ市庁舎の緑とオレンジの対比が鮮やかな屋根は、レヒネルの工芸美術館［34頁］を思わせるが、壁は石造の城のようで、レヒネルより落ち着いている。これは、トランシルヴァニア地方の中世建築を意識した造形だ。また、当時、公共建築に塔を設けるなら、左右対称を意識して正面中央につくることが多かったが、ここでは右側に配置している。これも、中世の城館をイメージしているからだろう。塔自体の形態も、持ち送りで支えられた上部が膨らんでバルコニーが巡り、その上にとんがり屋根が架かっている。トランシルヴァニア地方でよく見られる、ドイツ系の中世都市の中世の時計台や教会、砦の形状を模したものだ。このように地域の伝統を意識する一方、内装ではレヒネルから受け継いだ曲線的な装飾がふんだんに用いられている。

市庁舎より少し遅れて建設された文化会館は鉄筋コンクリート造で建てられており、天井の緩勾配のドーム、角柱と梁による構成など、コンクリートだからこそ可能となる、すっきりとした形態を用いている。しかし、実際にファサードを眺め、内部空間を体験すると、そぎ落とされた機能的な造形を感じるよりも、濃密な色彩の装飾に圧倒されてしまう。金縁に彩られた緑色の花柄の天井画、歴史や伝説を描いた壁のフレスコ画、ステンドグラスで埋め尽くされた妖艶な空間に、装飾を忌避する20世紀の建築が普及する直前の、19世紀から受け継いだ美意識の最後の輝きを見ることができる。

深いグリーンの中に輝く艶やかな装飾

市庁舎の5年後に竣工した文化会館は、コンサートホール、音楽学校、美術館、図書館を収めるために計画された。全体の形態は市庁舎に比べておとなしいが、内外に華やかな装飾が施され、全体がギャラリーのようだ。装飾には、当時のハンガリーを代表する芸術家が携わっている。建物正面のモザイク画はケレシュフェーイ＝クリーシュ・アラダール、ステンドグラスはナジ・シャーンドルやロート・ミクシャの作品として知られる。コンサートホール内部や階段ホールにも、民芸風の花柄が色鮮やかに描かれている。

トゥルグ・ムレシュ文化会館のエントランスホール。緩勾配のドームに描かれた緑の地に金の輪と十字架型の花柄が大きな存在感を持ち、近代建築というより東方正教の宗教施設のように見える。この天井画もケレシュフェーイ＝クリーシュ・アラダールの作品

黒く塗られ金で縁取られた角柱には柱頭がついていて、古典建築の影響の名残を感じさせる。ホールの突き当りが鏡になっていて、反射することで空間を広く見せる工夫は、バロックの宮殿のようだ

コンサートホール天井。持ち送りで同心円状に折り上げている。枠の中に描かれた花柄は典型的な民芸のモチーフで、レヒネルが地質学研究所の窓などで用いていたものとよく似ている

世紀転換期の建築作品が多く見られるオラデアは、ヤカブの地元でもあった。都市の中心にある統一広場に面した黒鷲ホテルは、商業施設を併設した大規模宿泊施設であり、オラデアのシンボルともなっている。上層階の楕円形の窓を囲む破風は熱帯に咲く巨大な花のような形状をしていて、毒々しいソフトクリームのような形の塔とあいまって、不気味な印象すら受ける。レヒネルとは異なる独自の境地に達した作品だ。

CHECK!

黒鷲ホテル

（オラデア、1905-'08）

Fekete Sas Szálló

建物西側の統一広場から見たファサード。奇抜なディテールに目を奪われるが、オラデアには他にも奇妙な外観の建物が多く、テーマパークのような街並みに案外馴染んでいる

ホテルの１階部分にはパサージュ（歩行者用通路の両側に商店が立ち並ぶ、ガラス屋根が架けられたアーケード）が通っており、その入口と中央部の2カ所に黒い鷲を描いたステンドグラスが掲げられている

CHECK!

スボティツァ市庁舎

（スボティツァ、1906-'12）

A Szabadkai Városháza

スボティツァでも、市の中央の公園に面したコモルとヤカブの市庁舎が都市のシンボルとなっている。左右の塔の形は非対称。高い方の塔はトゥルグ・ムレシュ市庁舎と同様に、素朴なゴシック建築のデザインを採り入れて持ち送りで少し膨らんでいる。しかし、塔の先端部やファサードは、この地域に多いセルビア系住民の文化を意識した造形になっており、土地の文脈も参考にしてデザインを決めていたことがわかる。

公園側正面ファサード。塔の頂部はトゥルグ・ムレシュのような角錐型ではなく下部が少し丸く膨らんでいる。これはバロックのセルビア正教会のデザインを意識していると思われる。2階部分のドームの架かった3つの出窓は、中世のセルビア正教の教会堂のシルエットを参考にしたデザインだろう

民芸品のようなパステルカラーの椅子、エオシン釉のジョルナイのタイル、原色の花柄のバルコニーなど、内部の装飾は非常に贅沢

明るくのんびりと
自由闊達な地方都市

ツィフラ・パロタ

CHECK!

ケチケメート市庁舎

レエク・パロタ

装飾はピンク色、屋根はオレンジ色が基調。濃厚な色彩と大胆な曲線が、からっとした青空と深い緑の街路樹によく馴染んでいる。大通り側から見ると左右対称の構成だが、入口は隅に設けられている

ツィフラ・パロタ

（ケチケメート、1902）

Cifrapalota

大平原の風が吹く
気取らないデザイン

ハンガリーの平原地帯には、牛や羊などの家畜を商う市場町として発展した、ゆったりとした地方都市が見られる。ブダペストから電車で1時間半ほど、大平原の真っただ中にあるケチケメートもその代表例で、まるで農村がそのまま大きくなったような、のんびりとした風景が広がっている。

20世紀初頭、ハンガリーの経済成長がこういった地方都市にも及ぶ。レヒネルの影響を受けた建築家たちが、新興都市ゆえの自由さのもと、カラフルで楽しげな建物を多く建て、重厚な首都ブダペストとは異なる明るい街並みが生まれた。

鉄道駅と市の中心の広場を繋ぐ、幅の広い並木道ラーコーツィ通りに建てられた「ツィフラ・パロタ」（装飾宮殿）と呼ばれる美術ギャラリーは、このケチケメートを代表する建築の一つである。建築家マールクシュ・ゲーザの代表作で、当初はカジノ、商店、住宅を含む複合施設だった。現在は美術ギャラリーになっている。工芸美術館［34頁］やブダペスト郵便貯金局［42頁］に似たオレンジと緑の屋根瓦など、レヒネルの影響も強く見られるが、クリームのかかったケーキのような外観はレヒネル以上にポップな印象だ。

建物に威厳を与えるような古典主義建築のモチーフを翻訳して、別物のように愛らし

曲線のリズムと豊かな色彩がエネルギッシュ

ツィフラ・パロタの設計者マールクシュ・ゲーザは、レヒネルたちと同様に「ハンガリー様式」を求めた建築家であったが、ハンガリー人が東方起源だからといって安易に東洋の建築の要素に基づくことは、現代のハンガリーにはそぐわないとして反対していた。その代わりに、すでに民芸から出発して国際的な地位を確立していた工芸分野に倣い、じっくり時間をかけて、外国の既存の様式に一切頼らない建築を創り出そうとしていた。この建物は、そんな試みの途中段階を示すものだった。

南側外観。パラペット、壁面パネル、窓、コーニスなど、すべての輪郭が曲線でうねっている。屋根のオレンジと、紫を中心とした壁面パネルの対比が強烈だ

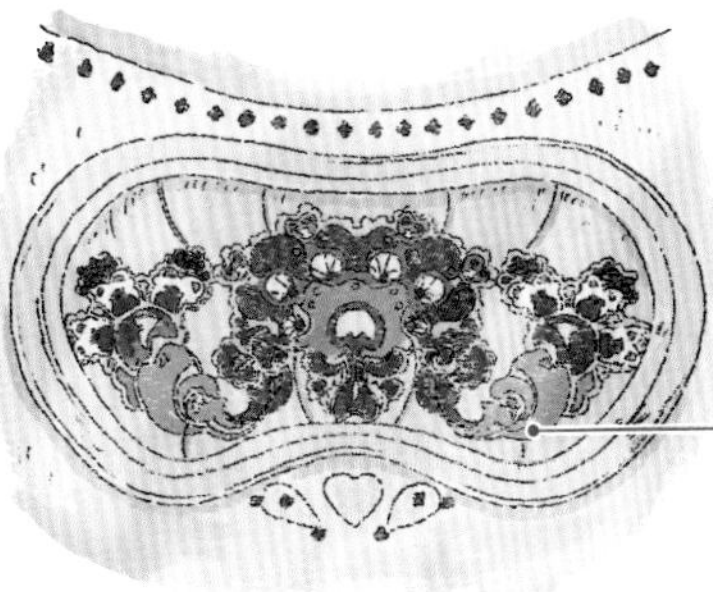

壁面パネルの形状や柄は何パターンかあるが、大胆にデフォルメした花柄が共通のモチーフだ。生き生きとした力強いタッチがハンガリーらしい

い造形にしているところが面白い。1階外壁では、本来なら荒々しい石積みを表現するルスティカ仕上げ［※1］を、リズムを崩して丸っこく仕上げることで、素朴な丸太積みのように見せている。1階と2階の境界に走るコーニス［※2］も太く曲がりくねって、陽気なリズムを生んでいる。

　壁面の波型やハート形のパネルに描かれた抽象的な花柄には、ハンガリーの民芸とともにオットー・ヴァーグナー設計のマジョリカ・ハウス（1898-'99）など、オーストリアのゼツェッシオン（分離派）の影響も感じられる。しかし、マジョリカ・ハウスでは平滑なタイルに覆われた壁面全体に大きく描かれ、都会的な華やかさと近代性を両立させているのに対し、ここでは白い壁面の中に漆喰仕上げで薄紫色のパネルをつくり、そこに青や黄色といった強い原色で花柄が描かれている。平原の強い日差しを正面から受け止めており、まるで農家の壁に住民が自由に描いた素朴な壁画のような印象だ。ハンガリーでは世紀転換期の芸術全般を「セツェッシオー」と呼ぶが、ウィーンのゼツェッシオンからの影響を直接的に感じる作品は意外と少ない。甘美で退廃的なウィーンと、泥臭く野性味のあるハンガリーの違いは明らかだ。

　この作品の近くにはレヒネル設計の市庁舎［62頁］、コモルとヤカブが設計した「イパロシュ・オットホン」（工業の家）など、ユニークな建物が集まっている。また、ケチケメートからさらに列車で下った南部の中心都市セゲドでも、レエク・パロタ［63頁］をはじめとした世紀転換期のさまざまな作品の競演が楽しめる。農業国ハンガリーの個性はこのような地方都市でこそ味わうことができるのだ。

※1　石材の凹凸や粗い質感を整えずに残し、力強さを強調する仕上げ
※2　壁に水平に走る帯状の装飾

素朴な空間にもユニークな仕掛け

既存の様式の融合に頼らずに新しい様式をつくろうとしたこの作品には、他の建築家とは異なるユニークな点が多い。2階はカジノとして用いられており、集合住宅であった3階とは別個にアプローチが設けられていた。2階で最も華やかな「クジャクの間」は、かつてダンスホールとして用いられていた空間で、階段で直接中庭に下りられるようになっている。

クジャクの間の内観。曲面の天井には、伝統的な外套《がいとう》の刺繍などに用いられるモチーフが大きく描いている。漆喰を盛り上げて立体感をつける素朴な左官仕上げには、日本の鏝絵《こてえ》のような素朴な味わいがある。壁には曲線で覆われた枠があり、かつて鏡がはめ込まれていた可能性も指摘されてある

扉や窓の上は、曲線的な装飾にクジャクが止まって羽根を休めているようにも見える。クジャクはアジアの鳥だが、当時のハンガリーのデザインにもよく用いられる要素になっていた

CHECK!

ケチケメート市庁舎

（ケチケメート, 1890-'97）

A Kecskeméti Városháza

ケチケメート市庁舎は、工芸美術館のコンペと同じ1890年に開かれたコンペで選ばれた作品で、レヒネルが歴史様式から独自の道を歩み始める直前の作風を示している。トーネット・ハーズ［32頁］でフランスでの様式の融合の例を参考にしたのと同様に、ここではイギリスの城館を様式の融合として参考にしている。しかし、パステルカラーの色遣いや民芸の植物文様の使用など、後の「ハンガリー様式」に見られる個性もすでにはっきり表れている。

正面外観。ルネサンス様式を基調としながら、正面破風や中央のバルコニーなど、中世の要素を混在させている。イギリスの城館に倣った手法だ。外壁は長い間ピンク色に塗られていたが、近年の修復でオリジナルのクリーム色に戻された

2階の議場は特にカラフルに彩られている。ピンクと水色の花弁が交互に並び、金で縁取られた天井装飾は、後の作品でさらに展開するモチーフである

CHECK!

レエク・パロタ

（セゲド, 1906-'07）

Reök-palota

セゲドを拠点とした建築家マジャル・エデ設計の代表作。当初は水道技師でもあった名士レエク・イヴァーンの屋敷として建てられ、現在はギャラリーとカフェになっている。時期は本家にかなり遅れるが、フランスやベルギーのアール・ヌーヴォーの影響が強く表われている。力強く野性的なデザインの多いハンガリー建築と、繊細で退廃的なフランスのアール・ヌーヴォーの、どちらの美意識も感じられる、不思議な魅力のある作品だ。

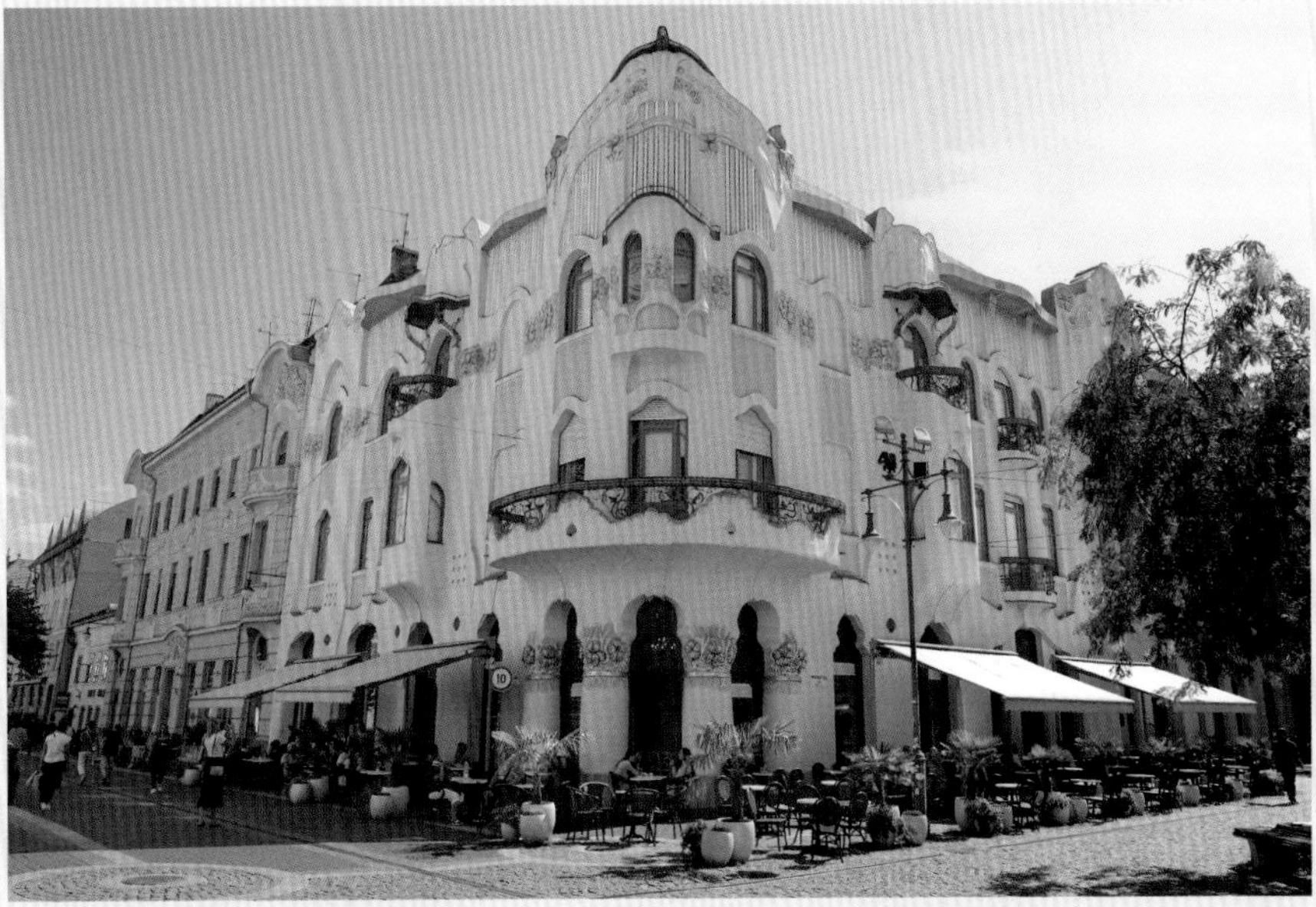

外壁は溶けかかったアイスクリームのような曲面の漆喰仕上げが特徴。外壁の薄紫のアヤメは儚げだが、萎れかかった草花をモチーフにするフランスのガラス工芸家ガレの作品などと比べると、生命力に溢れている

階段の手摺には黄金の花が装飾としてあしらわれている。錬鉄の手摺に曲線的な植物文様をあしらう手法は、ベルギーの建築家、ヴィクトル・オルタに倣ったもの。手摺の草は寂しく風になびいているようにも、太陽を求めて上に伸びているようにも見える

都会の景色にひとさじ民芸の趣

ウーイ・シーンハーズ

CHECK!

シュミードル墓廟

ロージャヴェルジ・ハーズ

ウーイ・シーンハーズ
（ブダペスト、1907-'09）

Újszínház

平らな壁面がつくる近代的な造形が、周囲の重厚な歴史主義の街並みのなか、際立っている。1950〜'60年代の改修でオリジナルのファサードは一度失われた。現在の姿は1990年代に復元されたもので、本来は天使像［67頁］の掲げる文字も当初の店名“PARISIANA”であった

Országjáró
Mátyás Király
Wass Albert
A funtineli
boszorkány
Szabó Magda
Az a szép,
fényes nap
Történelmi játék
két részben
újszínház
újszínház
újszínház

近代建築の先駆的存在

ブダペストのシャンゼリゼとでもいうべき華やかなアンドラーシ通りから脇に一本入った静かな裏通りに、「新劇場」（ウーイ・シーンハーズ）と呼ばれる小さな劇場が建っている。大理石の平滑な表面が目を引くこの建物は、もともとは、歌やダンスで人々を楽しませるフランス風のナイトクラブ「パリジアナ」であった。

アール・デコという、フランス発祥で１９１０年代から30年代にかけて世界中で流行し、百貨店や映画館など、華やかな商業施設によく用いられた装飾の傾向のさきがけとなる造形が見られる。まさにこのような娯楽施設にうってつけのデザインだが、この作品は世界的に見てもかなり初期の例といえる。入口や窓に見られる階段状の形態は、当時発掘が盛んに行われていたエジプトやメソポタミアなどの古代文明の建築を意識したもので、アール・デコによく採り入れられていたモチーフだ。

19世紀末のアール・ヌーヴォーが有機的で艶めかしい曲線を特徴としていたのに対し、アール・デコは、直線や幾何学的な図形を用い、金属光沢やスピード感を強調した、明るく都会的な造形で知られる。ハンガリーにはアール・ヌーヴォーの系統に属する作品が非常に潤沢でよく知られているが、それに比べると典型的なアール・デコの建築作品

無機質なアール・デコにもハンガリーらしさを

1873年にユダヤ系の家に生まれたライタは、国外の流行を常に先取りして作風を変化させ続けた建築家だった。一方で、1907年にもともとの姓ライテルスドルフェルをハンガリー風にライタと改めたことからも分かるように、ハンガリー人意識を強く持っていた人物でもあった。そんなライタの両面がよく表れているのがこの作品だ。民族という甘美な夢を追求した世紀末と、合理性を重視した20世紀建築の狭間《はざま》に位置していた建築家だといえるだろう。

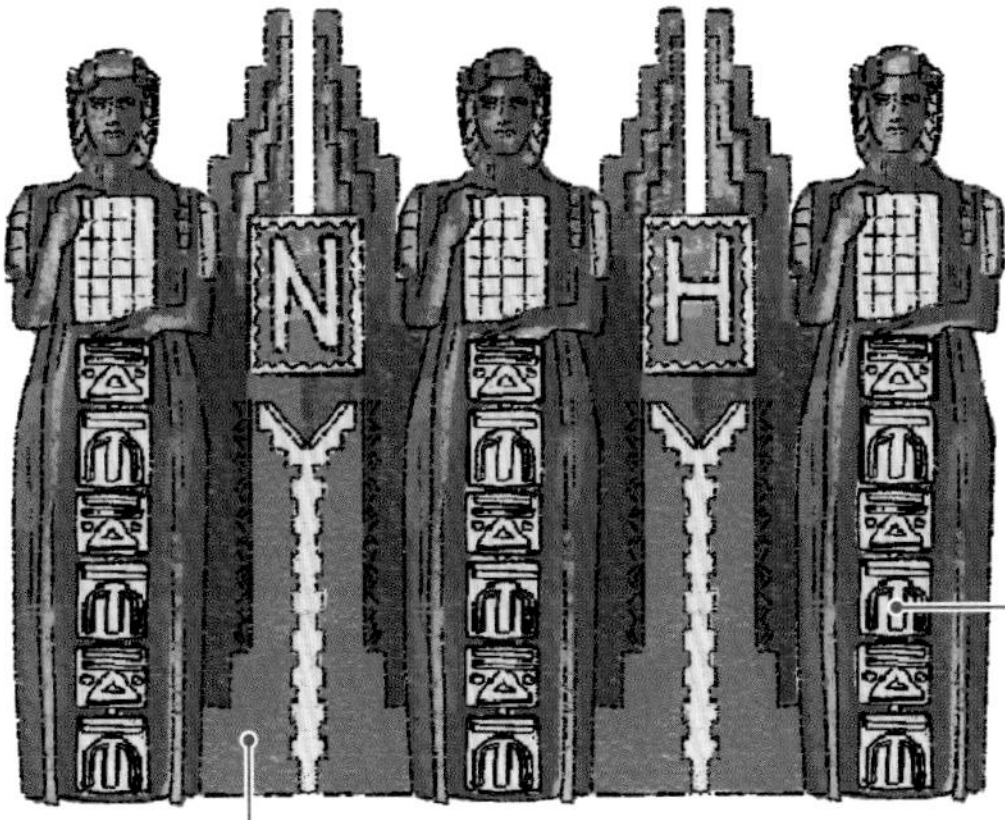

建物正面のパラペットには、天使像が装飾として施されている。天使像の翼は階段状の造形で、アール・デコの特徴が表れている。一方、天使が捧げ持つ格子のランプには、ウィーン工房（1903年に結成されたウィーン分離派の工芸品制作組織）の作品の影響を感じる

天使の翼は、メソポタミア文明やスロヴァキアの連続破風などにも見られる直線的なギザギザの形状。銅で仕上げられ、青い文字部分はガラスモザイクでつくられている

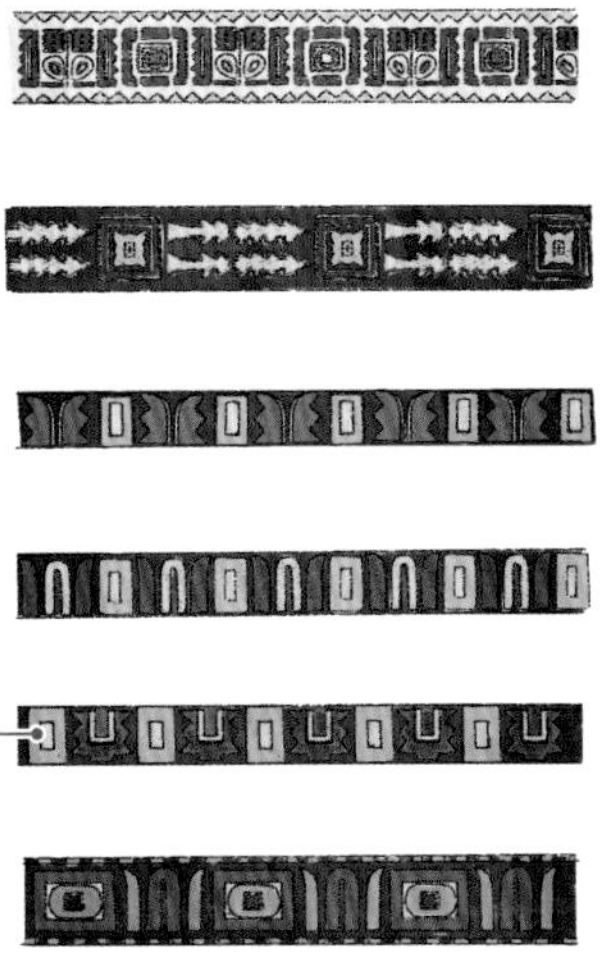

ハンガリーにおける近代建築の先駆者でありながら、完全な装飾の排除には至らなかったライタ。複合施設ロージャヴェルジ・ハーズ［71頁］では、各階を区画する水平の帯に民族衣装の模様を抽象化して採り入れている

は多くなく、この作品は貴重な存在である。

すっきりしたファサードとは対照的に、10体の天使が並ぶパラペットはずいぶんにぎやかだ。オットー・ヴァーグナーがウィーン郵便貯金局［19頁］の屋根に掲げていた天使像を意識したものかも知れない。しかし、天使の翼が並んでつくるギザギザのスカイラインは、バビロンのイシュタル門のようなメソポタミア文明の建築を意識しているようにも見えるし、スロヴァキア（当時はハンガリー領）のルネサンス建築の連続破風から採り入れたモチーフにも見える。天使の体の前の金縁の模様は、トランシルヴァニア地方の民家の柱や木の墓標に用いられる模様を参考にしている。外国から採り入れた流行とも、ハンガリーの伝統とも解釈できる絶妙なモチーフを用いているといえるだろう。

設計者であるライタ・ベーラは、レヒネル・エデンの事務所でシュミードル墓廟［70頁］などの作品を手掛けた後、徐々にレヒネルの影響を離れ、同時期のイギリスやフィンランドの建築を参考にして、レンガや石で壁面を覆った素朴な中世風の作品を手掛けるようになる。

そんなライタの作風の次の転換点に当たるのがこの劇場で、これ以降ライタは外国の近代建築の影響を強く受けるようになり、ロージャヴェルジ・ハーズ［71頁］のような、モダニズムを先取りするような白い壁面の作品もつくっている。

国外の最先端の流れに敏感な一方、どんな作品にも控えめながらハンガリーの装飾を必ず採り入れているところに、近代性と民族性を両立しようとしたライタの立ち位置がよく表れている。

ゼツェッシオンからモダニズムへの橋渡し

このウーイ・シーンハーズをフランスのアール・デコ建築と比べると、古典主義の影響の強いフランスの初期アール・デコよりむしろ近代的に見える。これは、ウィーンのゼツェッシオンの建築家、特にヨーゼフ・ホフマンのプルカースドルフのサナトリウム（1905）や、オットー・ヴァーグナーの住宅などに見られる、平滑な面で建物を構成する手法を意識していたからと考えられる。装飾のディテールにもヴァーグナーの影響が見られる。

建築当初の内観。両側の壁から迫り出した持ち送りも、背後のボックス席のアーチも階段状になっている。内装は1990年代の改修で現代風にされ、オリジナルの状態に復元されてはいない

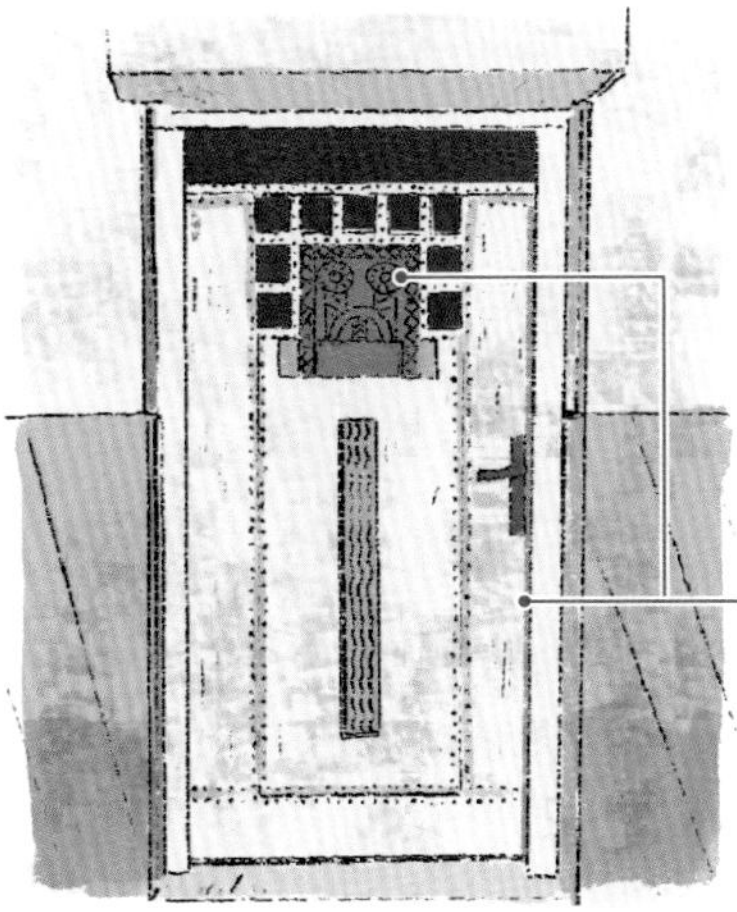

2階の小ホールへ続く脇の入口の扉はアルミニウムでつくられている。アルミニウムもヴァーグナーがウィーン郵便貯金局で用いたことで知られる、当時はまだ珍しかった素材。窓部分の顔のモチーフにもヴァーグナーの影響が感じられる

CHECK!

シュミードル墓廟

（ブダペスト、1904）

Schmidl-síremlék

トンネル状のアーチの形態をそのまま外観の形態に表し、ジョルナイ社の青緑色の陶板で覆っている。ハート形と翼のような形の板にはガラスモザイクがはめ込まれている

ブダペスト工科大学を卒業後、各国で研鑽を積んで帰国したライタの建築家としての本格的なキャリアは、1900年にレヒネルとの関係が始まったことでスタートした。初期の作品にはレヒネルの強い影響が見られる。レヒネルとの共作もいくつかあるが、なかでも特に知られているのが、ブダペストのユダヤ人墓地の中に建てられたシュミードル家の墓廟だ。ライタは生涯に多くの墓廟を設計しているが、その最初を飾る作品である。

内部空間はブルーと金のモザイクタイルで彩られ、ユダヤ教のシンボルである六芒星が夜空の星のように並んで彫り込まれている。正面には生命の樹（ユダヤ教・キリスト教で用いられる永遠の生命を象徴するモチーフ）が生き生きと描かれている

鉄筋コンクリートのラーメン構造の建物は、下3層が商業施設、上4層が集合住宅になっている。下層部に大きな開口部を設け、上層部の窓を小さくして間を白い壁でふさぐことで、機能の違いをファサードにも表現している

CHECK!

ロージャヴェルジ・ハーズ

（ブダペスト、1911-'12）

Rózsavölgyi-ház

レヒネルの影響を離れ、ウィーンのホフマン、ドイツのペーター・ベーレンス、フィンランドのナショナル・ロマンティシズムなど、アール・デコ以外にもさまざまな建築家や潮流の影響を受けて作風を次々と変えたライタ。1912年に、ブダペスト中心街に建つロージャヴェルジ・ハーズで、水平性を強調したモダニズムに近い作風に至った。各層を隔てる帯以外に、ハンガリーの民芸を象徴するモチーフは用いていない。

ロージャヴェルジ・ハーズの1階。ショーウィンドウと入口上部の装飾が一体となって、華やかに演出されている

動物も建物も
見所いっぱいのレジャーランド

ブダペスト動物園

CHECK!

ヴェケルレ住宅地

セーケイ民族博物館

鳥舎は、中央ホールの4本の小塔に囲まれたとんがり屋根が特徴的。トランシルヴァニアのカロタセグ地方［15頁］に見られる教会の塔を参考にしているが、鳥小屋自体の平面は教会とは全く異なっており、田舎の建築に見られるモチーフを自由に組み合わせている

ブダペスト動物園

（ブダペスト、1909-'12〈改築〉）

Budapesti Állatkert

どこか懐かしい景色を演出

ブダペストの郊外、ヴァーロシュリゲトと呼ばれる公園の一角にあるブダペスト動物園は、１８６６年に開園した歴史ある施設だ。市民の気軽な行楽地として親しまれている。動物園の施設が建築作品として注目を集める例は世界中に見られるが、この動物園もその一つで、１９０９～'12年に大規模に改築された際に建設された建物が多く残されている。戦災で失われた小屋も近年になって復元するなど、園全体の環境が文化財として大切にされ、古めかしさと愛らしさが同居した魅力ある空間になっている。

ゾウなどが収容されているノイシュロス・コルネール設計の小屋は、青いドームとそれに付随する塔が特徴的だ。これはペルシャやインドのドームを戴いたモスクをイメージしたもの。このように動物の生息地に見られる建築様式を造形に採り入れる手法は、エキゾチックとみなされていた外国への憧れを掻き立てる演出として、当時のヨーロッパの動物園ではしばしば用いられた。ベルリン動物園などでその例を見ることができる。

しかし、ブダペスト動物園の建物の多くには、動物の故郷ではなくハンガリーの農村から採り入れたモチーフが用いられている。これらは、当時まだ20代だった建築家コーシュ・カーロイとズルメツキー・デジェーの手によるものだ。トランシルヴァニア地方

のどかな農村の要素を散りばめる

レヒネルやその影響を受けた建築家の多くは、ハンガリーの民芸の装飾に注目する一方、建物全体の表現は歴史主義など既存の建築をもとに構成していた。これに対し、コーシュたちは都市の中心に建つ公共建築よりも素朴で小規模な建築に関心を抱いており、実現した作品も住宅・学校・教会など、重厚な表現を求めない類型のものが多い。この作風は動物舎という素朴な建物にも向いていた。この動物園でコーシュたちはとりたててハンガリーの民族性を強調することなく、動物の形態を示す装飾や生息地の特徴を示す装飾を加えるための土台として農村の建物を用いている。

鳥舎の塔の内部にはステンドグラスが設置されていて、ホールから見上げると、色鮮やかな風景の中で飛行する鳥の群れが飛行している様子を楽しめる

シカ舎。ログハウスのように丸太で構成する壁はトランシルヴァニア地方にも見られるが、ここに収められているシカ類の生息地域が主に寒い地方であることから、北欧やロシアなどの民家も意識しているようだ。屋根飾りにはヘラジカの大きな角の形が用いられている

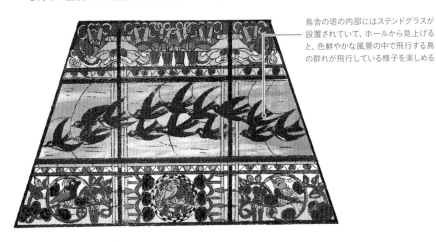

の農村の造形に惹かれた彼らは、レヒネルのように新しいハンガリー様式を創出するのではなく、田舎の木造教会や民家の造形をそのまま素直に作品に採り入れようとした。ブダペスト郊外のヴェケルレ住宅地やトランシルヴァニア地方のセーケイ民族博物館［78・79頁］も、コーシュの地方への憧憬が随所に見られる作品だ。

　この姿勢は、フィンランドのナショナル・ロマンティシズムにも影響を受けているが、特にアーツ・アンド・クラフツ運動から強く刺激を受けたものだ。アーツ・アンド・クラフツとは、19世紀半ばのイギリスで起こった、工場で大量生産された粗悪な製品に反発し、中世の職人の手仕事を理想化して復権させようとした芸術運動である。コーシュの作品、特に住宅を見ると、トランシルヴァニア地方の民家に見られる門やバルコニーなどの要素を用いつつ、平面構成はハンガリーの民家だけでなくアーツ・アンド・クラフツの住宅作品も参考にしてアレンジしたものが多い。コーシュは、民衆の精神を発見した先駆者としてこのイギリスの動きを高く評価していたが、彼らの思想だけでなく設計手法も強く意識していたのだ。

　この動物園でコーシュとズルメッツキーは、農村建築のモチーフを自由に組み合わせて、現実には存在しない牧歌的な風景をつくりだしている。彼らの手掛けた小屋が並ぶ園内を歩くと、のどかな農村を散歩しているような気分になるが、実はこれらの小屋には、伝統的な民家の木造の部材に施す装飾手法を用いて、展示される動物がさりげなく表現されている。建物に隠れている動物の姿を探すのも、この動物園の楽しみ方の一つだ。

異国風のデザインで非日常感も

ブダペスト動物園でノイシュロスが設計した動物舎は動物の出身国の文化を象徴するような建物になっているが、非日常の見世物としての性格が強かった19世紀の動物園では、このような演出がよく見られた。しかし、20世紀初頭に入ると、動物の生態をなるべくそのまま示す展示手法が登場し、ブダペスト動物園では生物学的分類に基づいた同じ属の動物をまとめる手法も導入されていた。異国情緒を掻き立てすぎず、動物の生物学的特徴もさりげなく表現できるコーシュとズルメツキーの動物舎は、このような過渡期の動物園の状態に対応するものでもあったのだ。

ノイシュロス設計の正門。世界各地から集まった動物の展示場として期待させるために、異国的でありながらどこの国も連想できない形状で建物を表現している。足元には向かい合ったゾウ、頂部の塔の周囲にはシロクマの頭部があしらわれ、アーチのモザイク画には熱帯の植物や鳥が描かれている

ペルシャやインドのモスクをイメージした造形の動物舎は、「厚皮類」（ゾウ、カバ、バクなどを含む当時の分類）の動物のためのものだった。入口周りのゾウやサイの頭部をジョルナイ社の陶器で仕上げてハンガリーらしさも残している

CHECK!

ヴェケルレ住宅地

（ブダペスト、1912-'13）

Wekerletelep

20世紀初頭のハンガリーで大きな課題だった労働者階級の住環境改善のために、ブダペスト郊外の1.4×1.2kmの長方形の敷地に建設されたのがヴェケルレ住宅地である。1909〜'26年の間に2万人以上のための住宅が建設された。学校や商店に加えて成人教育施設など文化施設も充実し、現在でも良好な生活環境を保っている。放射状の道路が集まる中央の公園は、正方形の広場に囲まれている。広場の周囲に並ぶ建物はコーシュの設計だ。

中央の広場はコーシュ・カーロイ広場と呼ばれている。トランシルヴァニア地方の民家から採り入れた造形の建物に囲まれている

広場に入る通りには大きなゲートが設けられている。下部に見られる荒削りの石のディテールはフィンランドのナショナル・ロマンティシズム［84頁］の影響だ

トランシルヴァニアでも特にハンガリー系住民の割合の高いセーケイ地方の都市シェプシセントジェルジ（ルーマニア名はスフントゥ・ゲオルゲ）に建てられた、この地方の歴史や農村文化を展示する博物館。小規模な民家園も備えていた。1909年にトランシルヴァニアに拠点を移したコーシュは、第一次世界大戦により国境変更された後もルーマニアにとどまって建築設計や著作活動を続け、シェプシセントジェルジにも学校や住宅などを建設している。

CHECK!

セーケイ民族博物館

（シェプシセントジェルジ、1911-'13）

Székely Nemzeti Múzeum

中央部を高くして両側に翼部を設ける左右対称の古典的な城館の構成を大きく崩している。中央はカロタセグ地方の教会の塔を模し、民家の屋根の形を採り入れた翼部は右側だけ前に迫り出している。塔と入口の屋根にはジョルナイ社製の瓦が用いられている

セーケイ地方の民家によく見られる大きな門が、この博物館に移築されている。馬車を通すための大きな門と、日常用の小さな門を組み合わせている。精緻な彫刻が施されており、ハンガリーの農村建築の要素として注目されたモチーフだ

ユニークなデザイン 北欧フィンランドとの連帯

**ヴァーロシュリゲティ
通りの
カルヴァン派教会**

CHECK!

ヴァーロシュマヨルの
ローマ・カトリック教会

ユダヤ系盲人学校

正面入口上部に広がるタイルには、民家の門や屋根、墓標などに見られる木彫りをデフォルメした意匠が用いられている。まるで絵本の挿絵を眺めているようだ

ヴァーロシュリゲティ通りのカルヴァン派教会

（ブダペスト、1911-'13）

Városligeti Fasori Református Templom

遠い親戚への親近感から生まれた素朴かつモダンな建築

アール・ヌーヴォーの優雅な家が建ち並ぶブダペストの住宅街の一角、閑静な並木道ヴァーロシュリゲティ通りに建つカルヴァン派教会も、20世紀初頭のハンガリーの建築の傾向をよく示している作品だ。

設計者のアールカイ・アラダールは、ピクチャレスクで愛らしい表現を試みながら、モダンな造形感覚も備えていた建築家である。この建物は幾何学的なフォルムや平らな壁面が醸す洗練された印象と同時に、シンプルで大きな三角のファサード、小さく控えめな開口部といった、農村の素朴な教会のような風情が感じられる。

こうした表現は、同時期のフィンランドの動きと連動している。ハンガリーとフィンランドという繋がりは意外に思えるが、実は、周辺の国と民族系統が異なるハンガリー人にとって数少ない親戚が、同じ語族に属する言語を話すフィンランド人なのだ。19世紀、フィンランドはロシア、ハンガリーはオーストリアと、それぞれ大国に支配されており、こうした背景もフィンランドに親近感を感じる一因になっている。

そして、ヨーロッパの建築史の表舞台に立った経験がないという点も、両国に共通している。20世紀初頭の北欧では、ドイツやフランスなどから輸入した洗練された歴史主

親しみやすさを生むディテール

ハンガリーの建築家がフィンランドの建築に目を向け始めたきっかけは、1900年に開かれたパリ万国博覧会のフィンランド館だった。エリエル・サーリネン設計のこの建物は、フィンランドの伝統建築に見られる要素を使いながらも自由に組み合わせ、伝統的な建築とは全く異なる造形を達成した。これ以降、ナショナル・ロマンティシズムのフィンランド建築は理念だけでなく、形態の上でもハンガリー建築界に強い影響を及ぼした。

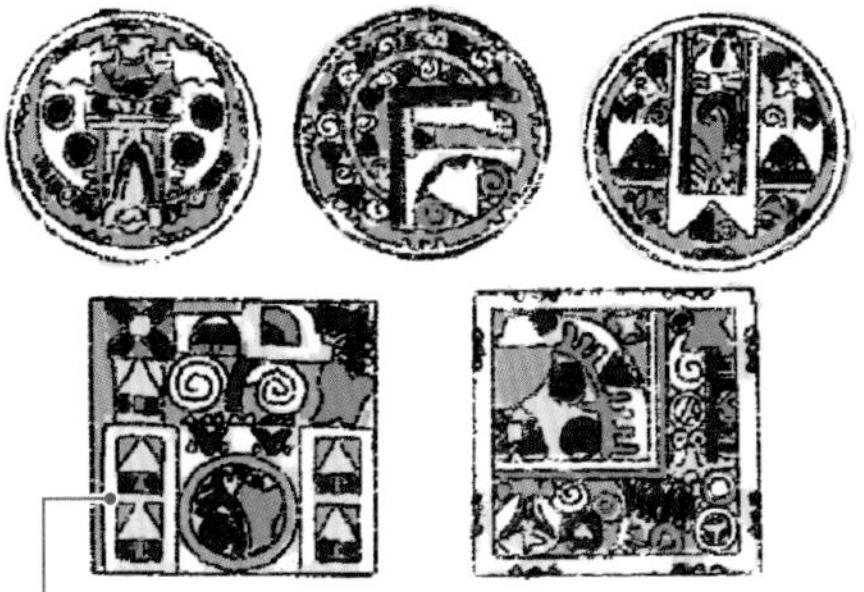

正面入口上部のタイル。幾何学的な立体で構成された塔やファサードが近代的な爽やかさを感じさせる一方、丁寧なディテールが手づくりのような親しみやすさを醸し出す

教会正面の外観は、左右非対称。2本の塔は高さが異なり、右側は円錐形を用いている。随所にフィンランド建築の影響が感じられるが、壁面はかなり平滑で、アールカイ特有のシンプルな形態で構成する手法が、この外観からも感じることができる

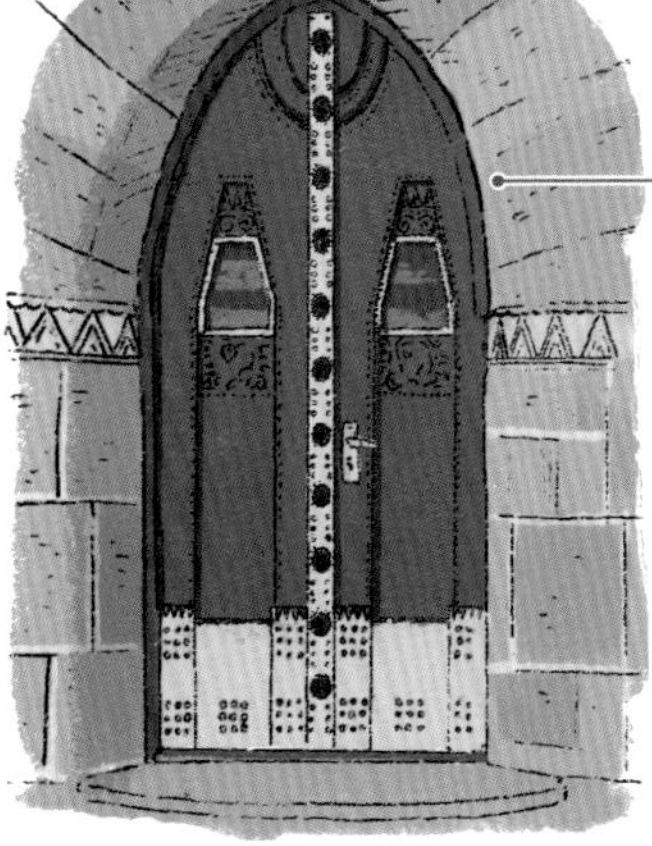

右側の塔に設けられた入口。滑らかな曲面で扉を囲み、重厚ながら温かみを感じる石積みの表現も、フィンランドから採り入れた手法だ

義に頼るのではなく、地元の素材と技術で建てられた田舎の建物をモデルとして、自国独自の近代建築をつくりだそうとする、ナショナル・ロマンティシズムという動きが起こっていた。この時期のフィンランドの建築作品がハンガリーの建築雑誌で紹介され、同じ問題意識を抱えていたハンガリー建築界に大きな影響を及ぼしたのだ。この作品でいうと、足元の荒削りの石積み、狭い間隔で並ぶ太く短い柱が、フィンランドによく見られる特徴だ。左右の塔を非対称にしている点や、右側の塔に用いられている円錐形には、フィンランドの建築家ラルス・ソンクの作品、特にタンペレ大聖堂［19頁］との共通性が感じられる。他にもフィンランドからの影響は、コモルとヤカブのトゥルグ・ムレシュ文化会館［48頁］、ライタ・ベーラのユダヤ系盲人学校［87頁］など、多くの作品に及んでいる。

教会内部の構成は一般的なローマ・カトリック教会のような奥行きの深い縦長の平面とは異なり、大きなドームを戴き、三方の2階席が中央部の説教壇を囲むギリシャ十字型［※］になっている。このような構成になっているのは、会衆が向かい合って礼拝するカルヴァン派の流儀に従っているからである。過剰な装飾を慎むプロテスタントの一派であることから、内装は比較的シンプルで、入口のタイルに似たデザインの装飾がアクセントとして用いられながらも、クリーム色の平滑な壁面が支配的になっている。

内部は鉄筋コンクリート造の特性を生かし、側面の大開口から入る光で明るく満たされている。この軽やかで近代的な感性は、アールカイが後のヴァーロシュマヨルのローマ・カトリック教会（聖心教会）［86頁］で示すモダニズムへの展開を予見させる。

※　4本の腕の長さが等しい十字架。集中式の平面をつくるために、ビザンチン建築やルネサンス建築でしばしば用いられた

宗派を尊重した平面構成

外観にはフィンランドからの影響が表れているが、内部空間についてはオットー・ヴァーグナー設計のアム・シュタインホーフ教会（1905-'07）からの影響が強く感じられる。ローマ・カトリック教会でありながら集中式平面で、内部の白い壁の装飾が控えめで、左右の大きなステンドグラスから明るい光を取り入れている点が、カルヴァン派の教会に求められる条件と合致していたためだろう。

内部空間は正方形平面にペンデンティブ・ドーム（正方形平面にドームを架けるための伝統的な手法）が架かったシンプルな立体で、アーチや壁に施された植物文様が爽やかなアクセントになっている
側面のアーチ全体を大きな開口部とし、内部は光で明るく満たされている。自由に造形できる鉄筋コンクリート造の特性を生かしている

ブダペストのヴァーロシュマヨル公園には、第一次世界大戦後にアールカイの設計で建てられた教会が2棟並んで建っている。1925年に完成した小教会は、外壁全体を覆う石積みのために、素朴で中世風の外観になっている。一方、その隣に1933年に完成した聖心教会は、白い箱型を組み合わせたモダニズム建築である。いずれも鉄筋コンクリート造で、わずかな年代差しかないにもかかわらず、劇的に作風が変化している。

CHECK!

ヴァーロシュマヨルのローマ・カトリック教会

（ブダペスト、1922-'25／1931-'33）

Városmajori Római Katolikus Templom

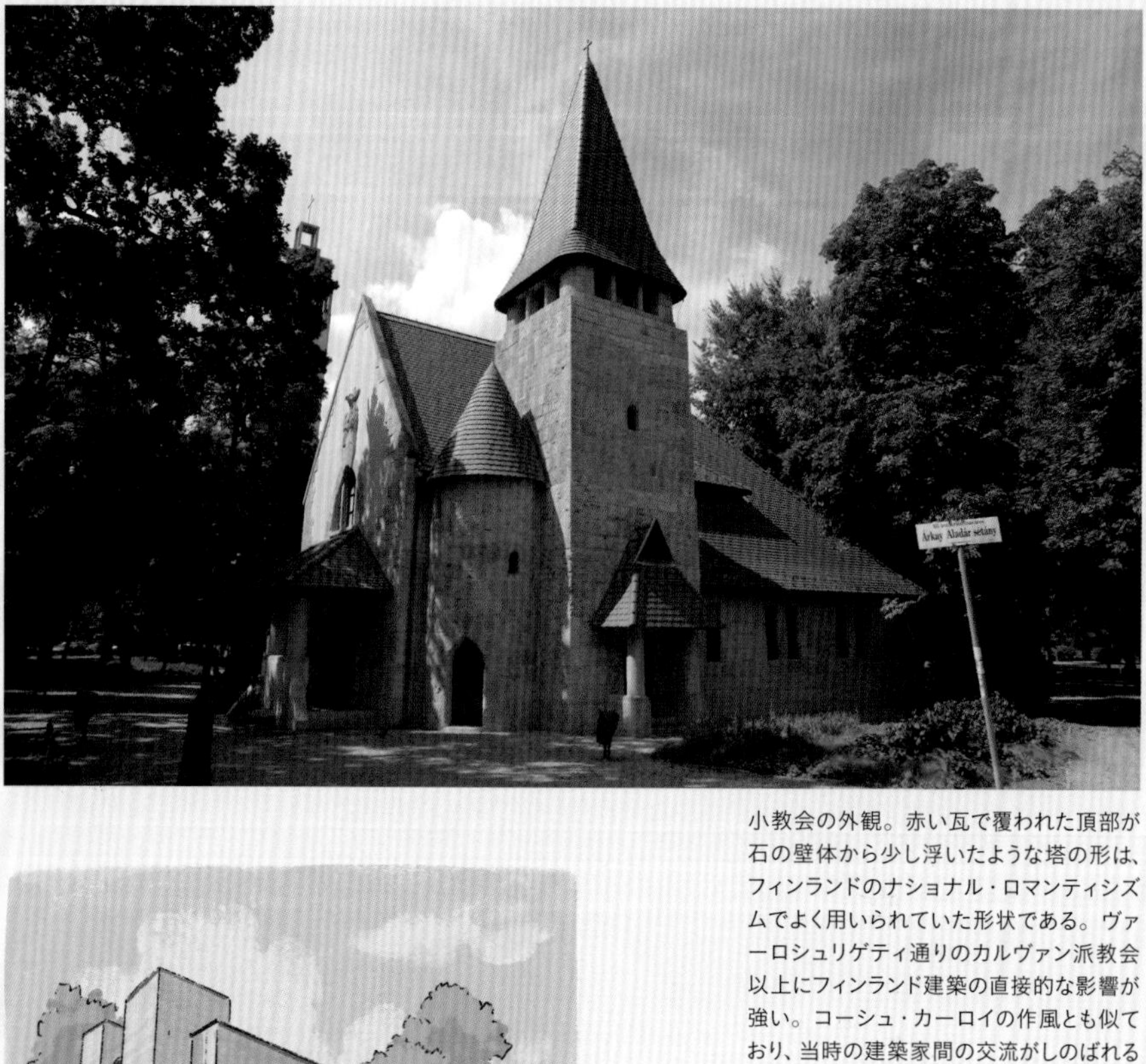

小教会の外観。赤い瓦で覆われた頂部が石の壁体から少し浮いたような塔の形は、フィンランドのナショナル・ロマンティシズムでよく用いられていた形状である。ヴァーロシュリゲティ通りのカルヴァン派教会以上にフィンランド建築の直接的な影響が強い。コーシュ・カーロイの作風とも似ており、当時の建築家間の交流がしのばれる

小教会と渡り廊下で結ばれた聖心教会。アールカイ・アラダールの死後に息子ベルタランが引き継いで完成させた。直方体の間のガラス面から明るい光が内部にもたらされている

時代に合わせて次々に作風を変遷させたライタ・ベーラも、一時期、フィンランド建築から刺激を受けていた。ブダペスト郊外の住宅地に建てられたユダヤ系盲人学校もその一つで、切妻の破風、石積みを模した塔などの造形にフィンランドの影響が見られる。一方で、レンガを積んだ平滑な壁面はハンガリーの伝統ともフィンランドの影響とも言い難く、後に影響を強く受けるドイツの建築家・ペーター・ベーレンスの作品を参考にした可能性も考えられる。

CHECK!

ユダヤ系盲人学校

（ブダペスト、1906-'11）

Vakok Intézete

フィンランドの伝統的なモチーフと剥き出しのレンガのために、中世の素朴な城館のような印象だ。開口部のアーチは半円形ではなく卵の先端のように少し尖った形状をしているが、この形のアーチもフィンランドの建築によく見られるモチーフである

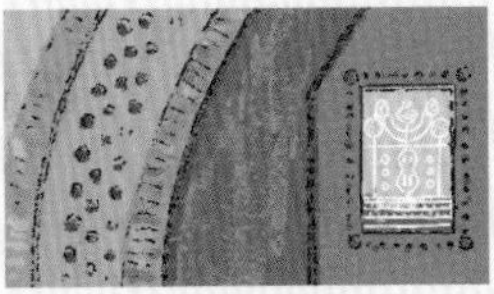

レンガをずらして配置して凹凸の模様をつける手法は、レンガ造建築にはしばしばみられる。扉の小窓には、ユダヤ教のシンボルである七枝の燭台がハンガリー民芸風のデザインで描かれている

新しい理論で彩る
独特な造形美

ヴェスプレームの劇場

CHECK!

シュプロンの劇場

ケレンフェルドの
カルヴァン派教会

アールカード・バザール

ダルヴァシュ＝ラ・ロッシュ邸

ファサード。現在の入口は北の接道より低い位置にある庭園に面しており、接道から階段を下り、西面からアクセスするようになっている。本来の正面入口はこの右手の南面、舞台の下に設けられていた

ヴェスプレームの劇場

(ヴェスプレーム、1906-'08)

Veszprémi Színház

コンクリートの表現を追求した野心家

ハンガリーの20世紀初頭の建築家の中でも、メッジャサイ・イシュトヴァーンは異色の存在だ。代表作のヴェスプレームの劇場には、歴史主義に民芸のエッセンスを融合させようとしたレヒネルとも、農村の素朴な建物から出発しようとしたコーシュとも異なる、もう一つのハンガリー近代建築の方向性が示されている。

ディテールでは、他のハンガリー人建築家と同様の傾向も見られる。地階部分の外壁に荒い石積みを表現しているが、これはフィンランド建築に倣ったものだ。外壁のアクセントや内装に民芸から採り入れた花模様を用いる手法も、当時のハンガリーでは広く行われていた。しかし、ヨーロッパで初めて本格的な鉄筋コンクリートで造られたこの劇場の、ずんぐりしたヴォリュームが組み合わされた迫力のある造形は、メッジャサイが鉄筋コンクリート造の特性を考えて独自に生み出したものだ。

20世紀になってから普及した鉄筋コンクリートは、昔から使われてきた組積造の石やレンガ、軸組工法の木材とは全く異なる性質の材料だ。しかし、この新しい材料にふさわしい建築表現については、フランスのオーギュスト・ペレなどの試みが始まったばかりで、まだ道筋が見えていなかった。

構造の特性を生かした空間づくり

メッジャサイはオットー・ヴァーグナーの下で学んでいた学生時代から頭角を現していて、夜の通りを明るく照らすガラス張りのデパート案や、ブダペストのドナウ川沿いの丘にそびえる雄大なパンテオン案など、魅力的な設計案を残している。当初の作風にはヴァーグナーやゼツェッシオンの影響が色濃く表れていたが、父親がハンガリー初のセメント工場を経営していたこと、1904年にトランシルヴァニア地方の民家調査に赴いたことを背景に、独自の作風を切り開いていく。

内部の天井は、鉄筋コンクリートの造形を活かした柔らかい曲面が特徴だ。2階席両側の窓からはバルコニーに出ることができる

馬蹄型にくりぬかれた2階席には3席ごとにふくらみがつけられていて、花弁形の窓と同じようなリズムをつくっている

そんななか、メッジャサイは論文の中で、力学に基づいて新しい造形原理を導き出そうとしている。建物が荷重によって変形し、崩壊直前の状態を表現することで、まるで人間の一瞬の動きを切り取った彫刻作品のような緊張感を出すことを提案しているのだ。彼に言わせれば、柱が中央で膨らむドリス式のギリシャ神殿のエンタシスも、トランシルヴァニア地方の木造の門のアーチ内側に見られるこぶのような形も、力が及んで変形した、崩壊直前の緊張感を表現したものだという。

このような論をふまえてもういちど作品を見てみると、地階のエントランスホールの柱の頂部が丸くなっていて、まるで天井と柱が切り離されているように見える点や、テラスの手摺でこぶのついたアーチが執拗に繰り返されることの意味がわかってくる。

メッジャサイは、ほぼ同時期に手掛けたショプロンの劇場［94頁］や他の住宅作品でも、同様のモチーフを用いている。彼にとってこれらのモチーフは、西欧の歴史主義建築もハンガリーの農村の建築も対等のものとして共通の枠組で捉え、それらすべてを克服する新しい理論で近代化していこうという野心の表れだったということができる。実際、彼は自身の手法を国際的に有効なものと考えていたようで、論文の中でハンガリー独自の建築を声高に主張することもなかった。

メッジャサイは、ウィーンの近代建築を率いたオットー・ヴァーグナーのもとで学んでいる。ヴァーグナーのスタジオからはさまざまな作風の建築家が巣立ち、東欧各地で活躍した。地方色を持ちながらも普遍を目指すメッジャサイの姿勢は、このような多民族国家オーストリア＝ハンガリーの多様性を象徴する環境で育まれたものなのだ。

ディテールで高める非日常感

鉄筋コンクリートの新しい造形の可能性を試みたこの劇場の外観では、内部のホールの形をそのままヴォリュームとして表現している。そして、軒やバルコニーを支える持ち送りや、透かし彫りになった手摺など、ハンガリーの木造の民家や民芸に用いられている形態を装飾として採り入れている。内装でも、鉄筋コンクリートの構造を素直に表した上で、崩壊寸前の緊張感やハンガリー風の装飾をアクセントとして用いている。このような構造とディテールの組み合わせで、どの作品を見ても一瞥でメッジャサイのものと分かる個性が生まれた。

花の形にデザインされた照明が連なるロビー。柱の頂部が丸く、天井から切り離されているように見える

劇場の大階段。南側のファサードから地階を通ってアクセスした観客は、ここで折り返して上階のホール観客席に入っていく。音楽やダンスに興じる民衆を描いた窓のステンドグラスは、地元出身の画家ナジ・シャーンドルの手によるものだ

テラスの手摺。こぶのついたアーチが連続しているが、この造形がトランシルヴァニア地方の木造の門から採り入れたモチーフだ

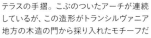

ヴェスプレームの劇場の成功を受けて、ハンガリー西部の都市ショプロンに18世紀に建てられた劇場の改築もメッジャサイに依頼された。改築に際して天井は鉄筋コンクリートに改めた。窓の形状を含めてほとんど元の状態はとどめておらず、メッジャサイのオリジナルのディテールが際立っている。入口ポータルの柱は、ヴェスプレームの劇場のエントランスホールと同様に、頂部が梁と切り離されて今にも崩れそうに表現されている。

CHECK!

ショプロンの劇場

（ショプロン、1909）

Soproni Színház

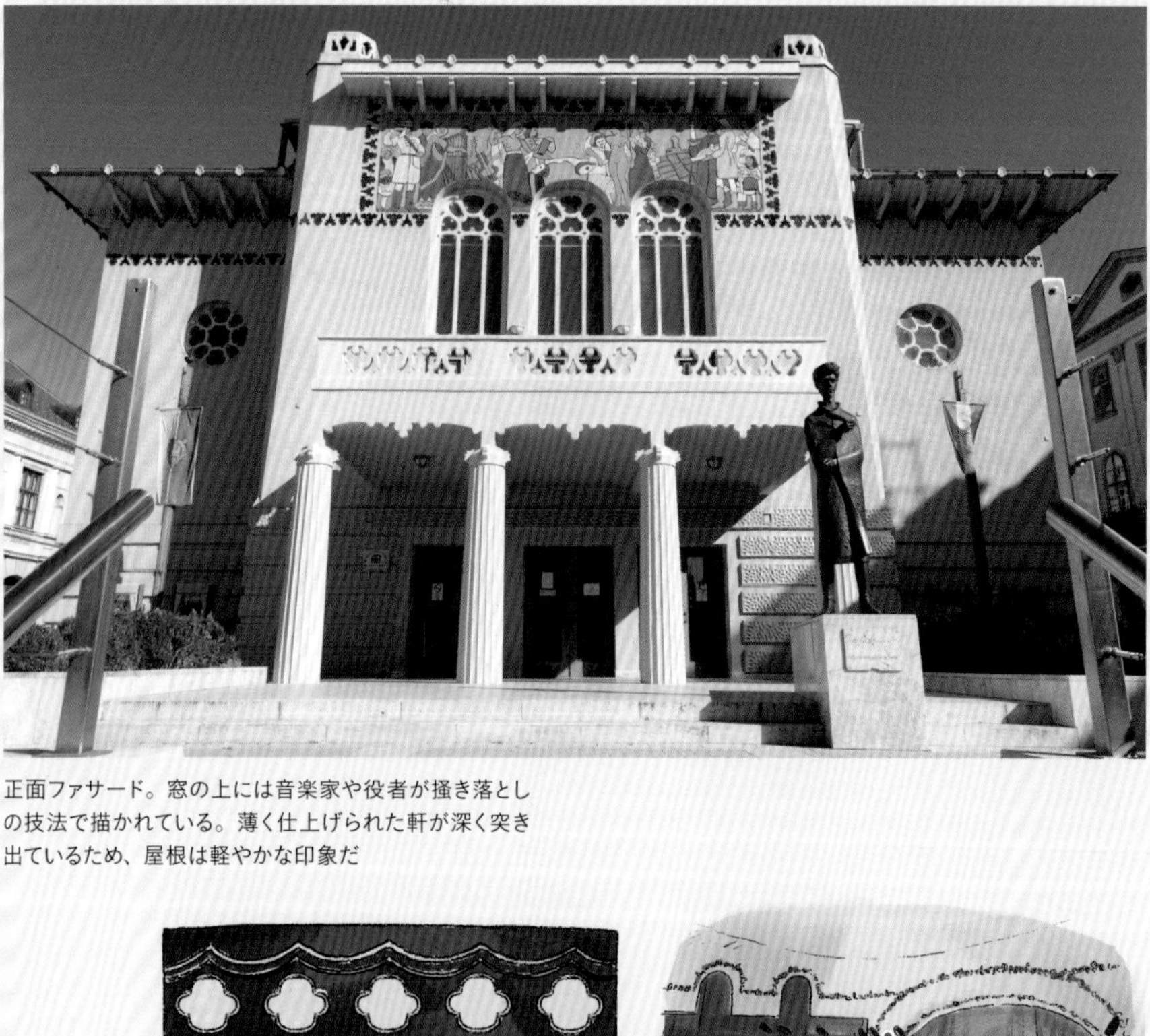

正面ファサード。窓の上には音楽家や役者が掻き落としの技法で描かれている。薄く仕上げられた軒が深く突き出ているため、屋根は軽やかな印象だ

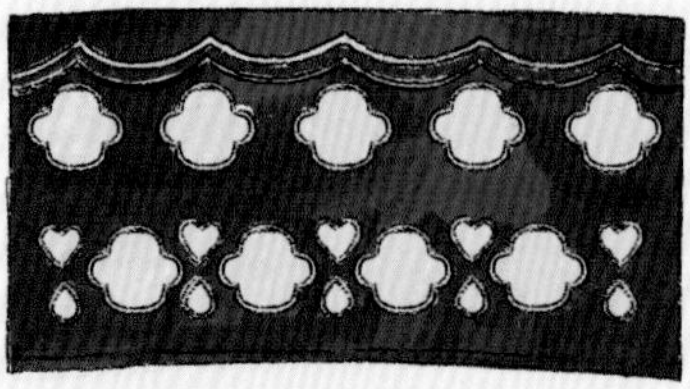

花柄の帯［上図］がボックス席やプロセニアムアーチ（舞台を額縁で切り取ったように見せる構造物）を彩っているホール。広さは舞台が17.5×11.8m、観客席が17.5×17.5m。観客席は鉄筋コンクリートで改修時に新たにつくられた。2、3階の客席にはデフォルメされた丸みのある花柄が連なり、やさしい印象をもたらしている

とんがり屋根の大きな塔、荒い切り石を組み合わせた壁面仕上げなどは、20世紀初頭のフィンランドからの影響が強い建築との繋がりを感じさせるが、厳格な左右対称のために、やや硬直した印象を受ける

CHECK!

ケレンフェルドのカルヴァン派教会

（ブダペスト、1928-'29）

Kelenföldi Református Templom

メッジャサイ後期の作品。1920年代のハンガリーでは、平滑な壁面にアクセントとして装飾を施した、アール・デコに分類される建築表現が流行していたが、メッジャサイは1920年代になっても作風をあまり変化させず、鉄筋コンクリート造に伝統的な木造建築のディテールを模した装飾を施している。両脇の集合住宅も同時にメッジャサイが設計したもので、透かし彫りを施したコンクリート製のバルコニーの手摺に彼の特徴が表れている。

入口ポータルの見上げ。梁から切り離された柱、こぶのついたアーチなど、ヴェスプレームの劇場から一貫したデザインが見られる。ここではさらにその上に木造の切妻破風を模したモチーフが並べられている

アールカード・バザールを設計したヴァーゴー・ヨージェフは、20世紀初頭のハンガリーの建築家の中でも、ウィーンの建築運動の影響が強い建築家だ。曲線を用いた優美なレヒネルと、軽やかだが直線的なオットー・ヴァーグナーという、作風の全く異なる2人の建築家を、どちらも近代建築の推進者として評価していた。最初はレヒネルに、徐々にヴァーグナーやほかのゼツェッシオンの建築家の作風を意識するようになっていく。この作品はちょうどその過渡期にあたり、平らな面を組み合わせた角ばった立体と、滑らかに盛り上がる壁面が組み合わさった、不思議な造形になっている。

CHECK!

アールカード・バザール

（ブダペスト、1908-'09）

Árkád Bazár

1〜2階の下層部はおもちゃ屋、3階より上層は賃貸住宅になっていて、外観上も表現が異なる。下層部は開口部が大きく、上層部は白い人工石のパネルで覆われている。パネルで表面を覆う手法は、ヴァーグナーがウィーン郵便貯金局［19頁］で用いたもので、施工が容易で汚れが付きにくい特徴がある。パネルの四隅にはビスの形状を模したエオシン釉のかかったジョルナイ社の小さなタイルがあしらわれ、平滑なファサードのアクセントになっている

おもちゃ屋の入口の上部には、浮き彫りになったおもちゃの絵が描かれており、店名の文字もジョルナイ社のタイルで仕上げられている。最上階にも浮き彫りが描かれていたが、第二次世界大戦で失われてしまった

ヨシフ・ヴルカン通り側のファサードは黄色い漆喰仕上げの面と、パネルを並べた白い面が組み合わされている。アールカード・バザールと同様に、パネルにはビスのようなジョルナイ社のタイルがあしらわれているが、実用上の役割がないビスはより様式化されて、文様のように表現されている

CHECK!

ダルヴァシュ＝ラ・ロッシュ邸

（オラデア、1909-'12）

Darvas-La Roche Ház

1902年に、ヴァイダフニャド城を手掛けたアルパール・イグナーツの事務所から独立して以来、ヴァーゴー・ヨージェフは1911年まで兄ラースローと共同で事務所を構えていたが、この住宅はその共同事務所で手掛けた最後の時期の作品だ。兄弟の出身地でもあるオラデアに建てられていて、中心街を流れる川に沿った道と、それと並行するヨシフ・ヴルカン通りに面している。林業で財を成し、いくつもの会社を経営していたユダヤ系実業家ダルヴァシュ・イムレの邸宅で、近年修復されてゼツェッシオン建築の博物館として内部も一般公開されている。

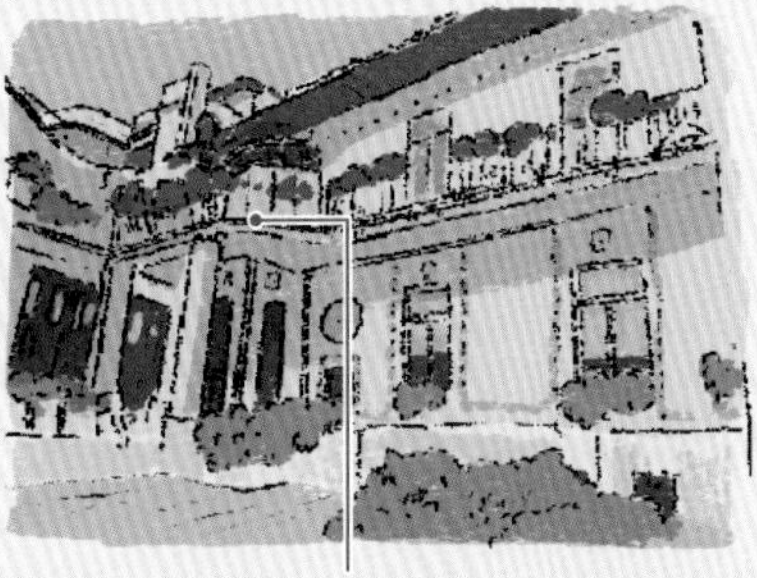

川に面した側には明るい中庭が設けられている。外階段を通って2階の大きなサンルームに面したバルコニーにアクセスできるようになっている。川側の区画はラースローの図面に基づいて1912年に建設されたもので、ダルヴァシュがスイスのバーゼル出身の銀行家・弁護士のアルフレート・ラ・ロッシュと設立した会社の本社として用いられた

ヴァーゴーは建築を建物単体ではなく、家具や装飾まで含めた総合芸術として捉えていた。2階ホールは、鳥や植物をモチーフにしたステンドグラス、赤とエオシン釉のタイルの対比が鮮やかな小さな泉など、あらゆる部分がゼツェッシオンで華やかにデザインされている

ハンガリーの歴史を建築を通じて再現する

マーチャーシュ教会

CHECK!

漁夫の砦

ブダ王宮

マーチャーシュ教会

（ブダペスト、1873-1901〈改築〉）

Mátyás-templom

ブダ旧市街の三位一体広場から眺めたファサード。下の方は、開口部が少ない本来の外観を残している。繊細な装飾が施された塔や正面の破風、その下の薔薇窓などは、シュレックが新たに付け加えたものだ

ナショナリズムが建物を別物につくり変えた

ドナウ川に面したブダの丘の頂上には、中世から王宮〔１０５頁〕が置かれていた。この丘に建つマーチャーシュ教会は、モンゴルによる蹂躙後の13世紀半ばに国王ベーラ4世が建設し、14世紀にさらに整備されたゴシック様式の建物だ。15世紀に中世ハンガリー王国の最盛期を築き、南の塔を増築したマーチャーシュ王の名を冠している。対岸のペシュト側からもよく見え、ブダのシンボルでもあるこの教会は、その後オスマン帝国の支配下でモスクに変えられるなど、紆余曲折を経た。１８６７年にハンガリーが内政上の自立を獲得すると、新生ハンガリーの首都を象徴する建築物として、王宮とともに大々的に修復されることになった。

この修復を率いた建築家がシュレック・フリジェシュである。19世紀のヨーロッパでは文化遺産に対する関心が高まり、中世建築の修復が盛んに行われていた。しかし、その「修復」は、建物を元の状態に戻すだけにとどまらず、ナショナリズムの高揚から史実とは異なる空想を追求し、つくり変えてしまうこともしばしばであった。フランスやドイツでは廃墟同然だった中世の城が修復という名のもとに華やかに改築されたり、工事が中断していたゴシックの教会堂が整った形に完成されたりもした。マーチャーシュ

きらびやかな内装に改築

マーチャーシュ教会内部。シュレックは改築にあたり、ゴシックより後の時代につくられた痕跡を取り除くため、多くの箇所で既存の天井や壁を取り壊し、新しく純粋なゴシック様式でつくり直している。改築にあたって取り外されたオリジナルの彫刻は、現在王宮内にあるブダペスト市歴史博物館に所蔵されている。

壁や天井は幾何学文様や植物文様で埋め尽くされ、聖人の姿やハンガリーの歴史上の場面を描いた壁画が、セーケイ・ベルタラン、ロッツ・カーロイといった当時の一流画家によって描かれた

右手に見える木製の説教壇はシュレックが設計したもので、聖書の世界を描いたステンドグラスの入った繊細な高窓も、新たに設けられたものである

教会もそんな改造の一例で、質素だった建物はきらびやかな装飾が施され、まったく別物になってしまっている。鮮やかな色タイルの屋根とさまざまな文様で彩られた内装が印象的な現在の教会の姿は、大部分がこの改造によって生まれたものである。

　シュレックが１８７３年に描いた最初の修復案では、既存の建物からかけ離れた、左右対称の理想的なゴシック建築が計画されていた。しかし、その後の修正案では少し考えを変え、左右の塔がアンバランスな状態をあえて示すなど、まるで建設中に何度も設計変更された中世の工事を再現しているような形状に変更している。

　シュレックが途中で案を変えた理由は、この建物をハンガリーの歴史の数々の重要な場面を記録したモニュメントだと捉え、建物のさまざまの箇所で各時代の国王の改築の痕跡を見せることで、その歴史の積み重ねを示そうと考えたからだ。しかし、その過程で、本来の姿以上に建物を豪華にしただけでなく、バロック期の修復をオーストリアの支配という「不幸な時代の痕跡」だとして取り除いている。支配下の時代を無いもののように扱うという、ご都合主義の側面も見られるのだ。

　さらにシュレックは、ドナウ川の対岸から眺めたときに教会の台座として見えるように「漁夫の砦」［１０４頁］を整備している。ハンガリー建国当時に盛んだったロマネスク様式をこの砦に用いることで、教会が建てられる前の、ハンガリー建国からモンゴル蹂躙までの歴史も目に見える形で示し、一国として積み重ねてきた歴史の長さを表現しようとしたのである。

当初案では理想的なゴシック建築を目指した

1873年にシュレックが計画した最初の案。左右の塔の形をそろえた、シンメトリックなデザインを構想していた。修復前のマーチャーシュ教会とこの当初案を比べると、南の塔の初層から5層目まで以外、ほとんど原形をとどめていない。南の塔の頂部は既存の塔につぎ足す形でつくられ、存在していなかった北の塔が南の塔と左右対称になるように計画された。

実現案と比べると、北の塔の形状が大きく異なっている。繊細な装飾を施した破風や薔薇窓は、少々形を変えているが当初案から引き継がれている

長期間にわたって建設がすすめられた中世の教会堂が、左右対称に完成されていることはむしろ珍しい。マーチャーシュ教会ほど極端ではないにせよ、現存する中世のゴシック教会堂の多くには、19世紀の手が入っている

修復によって、マーチャーシュ教会の左右に隣接していた学校は取り壊され、独立した建物になった。入口やチャペルなどのバロック期の増築もすべて取り除かれた

CHECK!

漁夫の砦

（ブダペスト、1894-1902〈改築〉）

Halászbástya

マーチャーシュ教会の背後の「漁夫の砦」は、対岸のペシュト側からよく見える、ブダの城塞の一部である。教会の修復がほぼ完了した1894年、シュレックは武骨なこの城塞に、展望スペースとなる回廊と川沿いまで降りる大階段、さらに、教会の隣に建国の王イシュトヴァーン1世を象徴するロマネスク様式のモニュメントを提案した。このモニュメントは教会とともに回廊で囲うことで、対岸から見たときに教会と一体の建築となることが意図されていたが、実現せず、計画された位置にはイシュトヴァーン1世の騎馬像が据えられた。

大階段に下りるトンネルの中の像。遊牧民だったハンガリー人が9世紀末にこの地に定住して建てた、アールパード朝の時代の戦士を表現している

砦の端につくられたロマネスク様式の塔を繋ぐ回廊やその屋上は展望スペースになっていて、対岸のペシュト側がよく見える。逆にペシュト側から見ると、縁取りの付いた台座の上にマーチャーシュ教会が彫刻作品として展示されているかのように見える

CHECK!

ブダ王宮

（ブダペスト、1885-1905〈改築〉）

Budavári Palota

地下には中世からルネサンス期に建設された部分が残されており、ブダペスト市歴史博物館の展示室になっているとともに、小規模なコンサートなども開催されている

ブダの丘の南には中世以来王宮があり、破壊と再建が何度も繰り返されてきた。現在の姿は19世紀後半にイブル・ミクローシュとハウスマン・アラヨシュによってつくられたネオ・バロック様式の建物だが、第二次世界大戦で深刻な被害を受け、内装の大部分が失われた。戦後再建されたクーポラの形状もオリジナルとは少し異なっている。戦争で失われた建物の再建は現在も続けられており、ジョルナイ社製のタイルも用いた華やかなゴシック様式の内装で知られる「聖イシュトヴァーンの部屋」は、2021年にようやく再現された。

王宮中庭からの眺め。現在、王宮には国立美術館や国立図書館、ブダペスト市歴史博物館が入っている。現在のクーポラ（ドーム部分）は等間隔の列柱が並ぶおとなしいデザインだが、ハウスマン設計の当初の建物はうねるような曲面が特徴の華やかなバロック様式だった

ドナウ川の水面を飾る
ハンガリーの象徴

ハンガリー
国会議事堂

CHECK!

ヴァイダフニャド城

ヴィガドー

ドナウ川対岸から見たファサード。鋭い尖塔、軽やかなアーケード、繊細なフライング・バットレス［※］の細部が、バランスよく構成されたヴォリュームに宝石箱のような美しさを与えている

◇◇◇◇◇◇◇◇◇◇◇◇◇◇◇◇◇◇◇

ハンガリー国会議事堂

（ブダペスト、1885-1904）

Országház

※　屋根の荷重によって水平方向に発生する力を支えるため、壁を外側から支える横架材。飛梁とも

ブダとペシュトを一体にする壮大なゴシック・リヴァイヴァル建築

ドナウ川沿いに堂々とした姿を見せるハンガリー国会議事堂は、旅行ガイドの表紙にもよく取り上げられる、ハンガリーを代表する建物の一つだ。川沿いの国会議事堂というと、テムズ川沿いのウェストミンスター宮殿を改築したイギリスの国会議事堂が有名だが、ハンガリー国会議事堂の設計者、シュテインドル・イムレがこの先例を強く意識していたことは間違いないだろう。ゴシック様式を基調としながらルネサンス様式を採り入れている点も、イギリス国会議事堂の手法と共通している。

シュテインドルはウィーンの造形美術アカデミーで学んでおり、師であるフリードリヒ・フォン・シュミットの作風からも影響を受けている。シュミットの作品であるウィーンのザンクト・マリア・フォム・ジーゲ教会は、リブのついた尖ったドームと正面の2本の塔のシルエットが、ハンガリーの国会議事堂にそっくりだ。

19世紀半ばのハンガリーでは、ヴィガドー［113頁］に代表されるような、新古典主義にゴシック様式やイスラム建築などほかの様式の要素をちりばめた建築が流行していたが、１８７０年代以降、ゴシック、ルネサンス、バロックなどの各様式を建物によって使い分けつつ、それぞれの建物では厳密に各様式のルールに従う、本格的な歴史主義

ゴシック大聖堂の流儀に倣った議場内部

上院議場内部。馬蹄形の議席を囲む壁面のアーチや格天井の梁が金色に縁どられ、輝いている。下院と上院の内装はほとんど同じで、各院はドームを挟む左右の台形の屋根の下に配置されている。ドナウ川の対岸から見て左が上院、右が下院で、平面計画が明快で外観にも分かりやすく表現されている点も、この議事堂の特徴である。

内部立面が三層構成になっている点は、ゴシックの大聖堂に倣っている。下層の大アーケードと上層のクリアストーリー（高窓）の間にあるべきトリフォリウム（小アーチが連続する、側廊の小屋裏に当たる空間）が、２階席になっている

がウィーンなどから導入された。

ただ、本格的な歴史主義が導入され始めた１８７０年代のハンガリーでは、ドイツ人の支配を想起させるゴシックよりも、ルネサンスの方が好まれていた。シュテインドルの初期の代表作であるペシュト新市庁舎（１８７５）も、ゴシックとルネサンスの2案が提出され、実現したのはルネサンスの案だった。しかし彼は、ハンガリーの多くの芸術はゴシック様式でつくられていて、国会議事堂にもふさわしいと主張し、他を圧倒する美しい案で国会議事堂コンペ（１８８５）を勝ち取ることで、ハンガリーでのゴシック・リヴァイヴァル［※］の地位を確立したのだ。

このコンペでは、多くの建築家がルネサンスやバロックで提案していた。しかし、シュテインドル案が勝ち残ったのは、ゴシックで挑戦したからだけではないだろう。多くの応募案は川沿いにゆったりとした広場を設け、遊歩道から建物を眺めることを想定していたが、シュテインドルのみが水面ぎりぎりまでファサードをせり出している。間近からではなく対岸からの眺めを意識し、川を挟む2つの地区の一体感を高めているのだ。

この国会議事堂が計画された時期には、他にもブダ王宮［１０５頁］をはじめとした大規模な公共施設が次々と歴史主義で計画され、ブダペストは大きく発展した。ヴァイダフニャド城［１１２頁］を中心施設として１８９６年に開催された建国千年記念博覧会は、このような大規模な都市改造の頂点となるイベントであった。博覧会後も工事が続けられ20世紀初頭にようやく完成した国会議事堂は、ハンガリーの歴史主義建築の集大成であり、世界的に見てもゴシック・リヴァイヴァルの一つの到達点を示す名作となった。

※　中世のゴシック様式の建築や装飾を復興させようとする動き

国の中心機関にふさわしいしつらえの数々

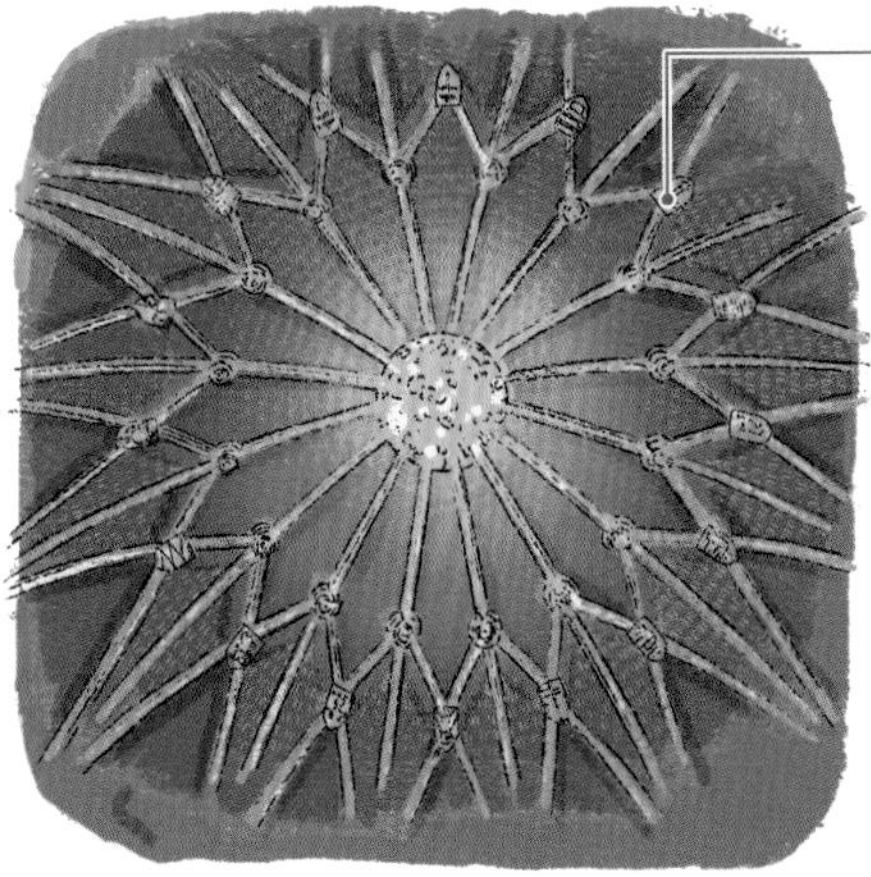

尖頭アーチの窓で囲まれた中央ドーム
の天井は十六稜の星型になっており、
その真下にハンガリー国王が代々受け
継いできた王冠が展示されている

この議事堂の平面はT字型で、川とは
反対側の、T字の脚にあたる位置にメ
インエントランスがある。入口から真っ
すぐ伸びる大階段を上ると中央ドーム
の真下にたどり着く明快な平面構成だ

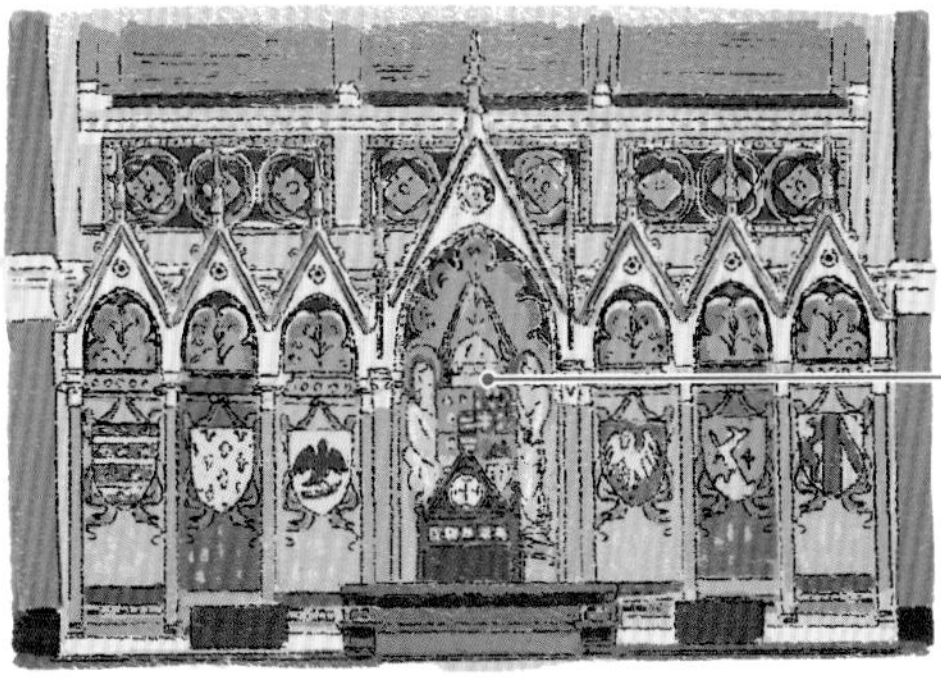

上院議長席の装飾。三角屋根と尖頭
アーチで区切られた背景は、中世の教
会の聖歌隊席（クワイア）のデザイン
を応用している。中央の大きな紋章は
建設当時のハンガリーの国章で、それ
を挟む6つの紋章は各時代にハンガリ
ーを支配した王朝のもの

CHECK!

ヴァイダフニャド城

（ブダペスト、1894-'96）

Vajdahunyad Vára

1896年、ブダペスト郊外の緑地ヴァーロシュリゲトで、伝説上の建国年から1000年を記念する博覧会が盛大に開催された。この博覧会のメインパビリオンが評判を博し、博覧会後に恒久的な材料で再建されたのが現在のヴァイダフニャド城だ。当時の国外の万国博覧会では、メインパビリオンを中心に整然と配置する会場計画が一般的だったが、ここでは湖の上の小島に建てられた絵画的な建築群を中心とした、回遊性のある会場配置が計画された。

この城は、トランシルヴァニアに実在する同名の城を中心に、ハンガリーの各時代の歴史的建造物の形態を引用してつくられた。現在は農業博物館として用いられている

ロマネスク様式の部分はハンガリー西部にあるヤーク教会、ゴシック様式の部分は、実在のヴァイダフニャド城にシギショアラ（現ルーマニア領トランシルヴァニア地方の都市）の時計塔などを組み合わせて再現している。当時のハンガリー北部（現スロヴァキア）のルネサンス建築やオーストリア風のバロックの城館も加え、パビリオン自体も建築部門の展示として扱われていた

コンサートや舞踏会の会場にふさわしい豪華な内装。ゴシックだけでなく、正方形を組み合わせた格天井、多葉形のアーチなど、イスラム風のデザインも採り入れられている

CHECK!

ヴィガドー

（ブダペスト、1860-'64）

Vigadó

1840〜60年代のハンガリーでは、それまで流行していた新古典主義に、ゴシック、ビザンチン、アラブ風などのさまざまな様式のモチーフを採り入れた造形が好まれていた。それぞれの様式のデザインを厳密に追求するのではなく、気軽に組み合わせて用いられていた。様式を厳密に使い分ける歴史主義が入ってくる前のこの時期のことを、ハンガリーではロマン主義と呼ぶことが多い。フェスル・フリジェシュの設計の音楽ホール「ヴィガドー」は、ハンガリーのロマン主義建築の代表作だ。

ペシュトのドナウ川沿いに建設され、都市の顔となる存在だった。東西の様式を融合していたため、後にレヒネルら19世紀末から20世紀初頭の建築家たちに、「ハンガリー様式」模索の先駆的存在としてとらえられた

宗教の垣根を越えて
新しい表現を生み出す

**ドハーニ通りの
シナゴーグ**

CHECK!

ルンバッハ通りの
シナゴーグ

セゲドのシナゴーグ

ファサードはキリスト教の教会堂のプロポーションだが、薔薇窓の放射状の格子や壁面上部の唐草模様などのディテールはイスラム建築から採り入れている。塔は旧約聖書に記されたソロモン王の神殿のファサードを飾っていた対の円柱をイメージした独自の造形だ

ドハーニ通りのシナゴーグ

（ブダペスト、1854-'59）

Dohány utcai Zsinagóga

ハンガリー文化とつながりの深い ユダヤ教の集会施設シナゴーグ

レンガと砂岩が縞模様をなす巨大な壁体、球状の飾りの付いた塔。おとぎ話のなかのアラビアのお城のような巨大建築が、ブダペスト中心の表通りから少し入った不整形の敷地に建っている。2本の塔に挟まれた正面入口の上部に丸い薔薇窓があるところなど、ゴシック様式の教会に似ているようにも見えるが、その窓の中には星形を組み合わせたアラベスク模様の格子が放射状にあしらわれ、ディテールはイスラム風だ。

この建物はキリスト教の教会でもイスラム教のモスクでもなく、ユダヤ教の集会施設シナゴーグ［11頁］である。ウィーンでもシナゴーグを手がけたドイツ人建築家のルートヴィヒ・フェルスターが設計し、アークなど内装の一部は、ヴィガドー［113頁］の設計者としても知られるユダヤ系ハンガリー人のフェスル・フリジェシュが手がけた。

ローマ時代に〝約束の地〟カナンから離散したユダヤ人は世界中に住んでいるが、東欧には特に多い。ハンガリーでもユダヤ系の企業家が活躍し、ユダヤ系住民は社会において重要な役割を占めていた。施主だけでなく、コモルとヤカブ［21頁］、ライタ［21頁］のように、建築家のなかにもユダヤ系は多く、19世紀から20世紀初頭のハンガリー文化とユダヤ文化は切っても切り離せない関係にある。セゲド［121頁］をはじめ各地でシ

3つの宗教の要素が混在

ドハーニ通りのシナゴーグの三廊式平面は、伝統的なシナゴーグが避けてきたキリスト教の教会の形式をあえて導入し、新しいユダヤ文化を生み出そうとする流れを受けたものである。しかし、男女で分かれて礼拝するユダヤ教の伝統には従っており、2階のバルコニーが女性用の場所となっている。

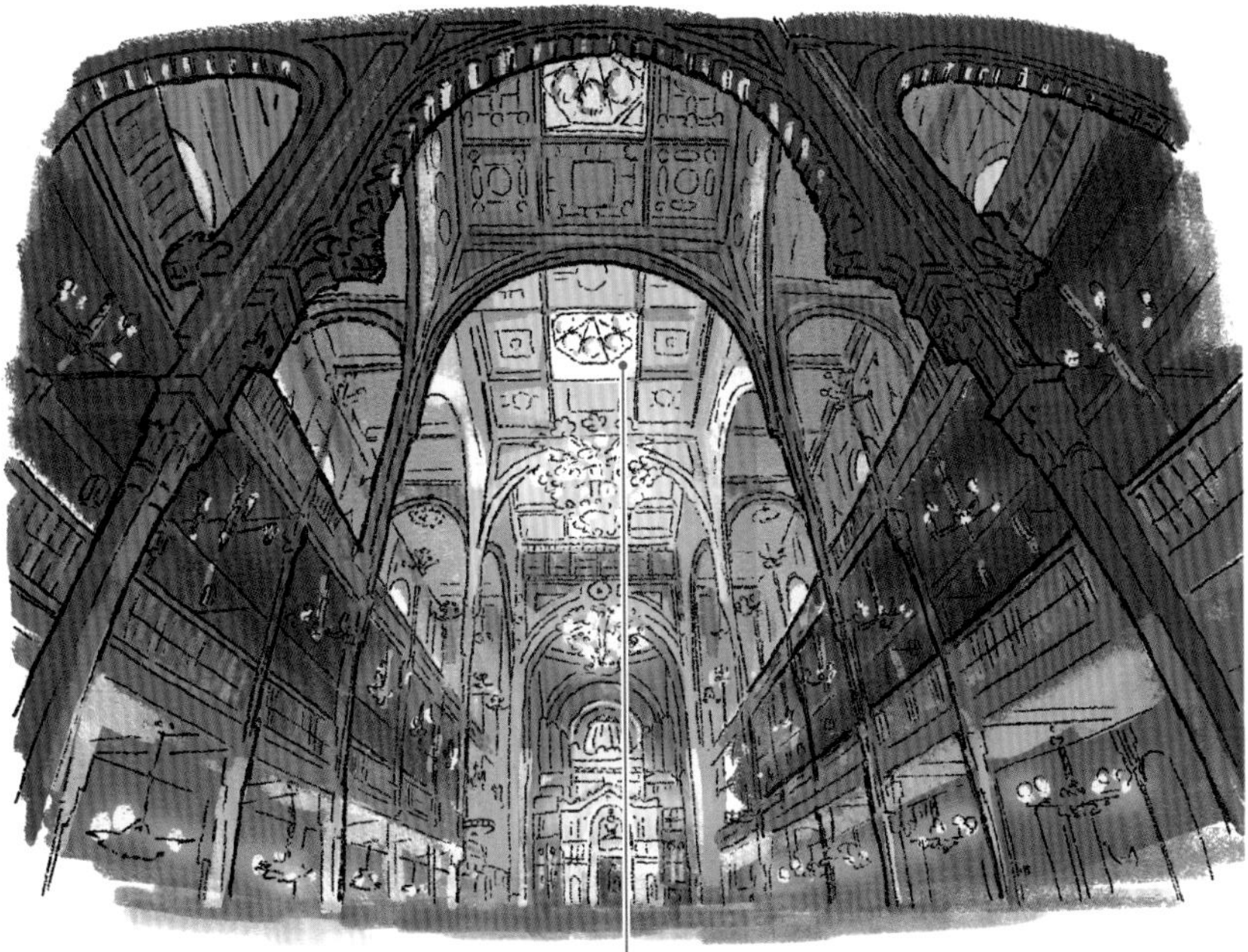

3,000人を収容可能な内部では、身廊の天井の3カ所に設けられた八角形の天窓から光が差し込む。このような形の天窓はアラブの木造住宅にしばしば用いられている

ナゴーグを手がけたバウムホルン・リポートも、ユダヤ人である。

しかし、長い間、東欧のユダヤ人の社会的地位は低かった。中世のゴシック様式のシナゴーグがチェコのプラハやポーランドのクラクフなどに残るが、小規模で素朴な建物が多い。大規模なシナゴーグが東欧各地に建設されるようになったのは、19世紀に迫害が和らぎ、ユダヤ人の経済力が増してからのことだ。

ヨーロッパ最大の規模を誇るこのドハーニ通りのシナゴーグの特徴は、奥行き方向に深い三廊式のカトリック教会の平面を採り入れたことである。伝統的なシナゴーグでは、正方形に近い平面の中央にビーマーを設け、東側の壁にアークを収め、2階に女性の席として用いられるバルコニーを巡らせるのが通例であるが、このシナゴーグではローマ・カトリックの教会の説教壇のように、ビーマーをアークの前に配置している。多くの会衆を集めるのに好都合だからだろう。

19世紀に建てられたシナゴーグは、このようにキリスト教の教会の手法を参考にしている例も多い。セゲドのシナゴーグはビザンチン建築のような集中式平面を採り入れているが、ビーマーはやはり前方に置いている。

しかし、平面形式にかかわらず、この時期のシナゴーグは、中東風の装飾を採り入れることで、キリスト教の教会とは雰囲気の異なる幻想的な建築をつくろうとしている。

ユダヤ系住民が特に多かった周辺地区には、ほかにもシナゴーグが現存する。特にルンバッハ通りのシナゴーグ［120頁］は、若き日のオットー・ヴァーグナーの作品として知られている。

建築家2人の作風の違いも表れる

詳しい経緯は明らかではないが、このシナゴーグが設計された際、フェルスターとほぼ同時期にフェスルにも設計が依頼されていたようで、建物全体を描いたスケッチが残されている。ヴィガドーに似たイスラム風のモチーフが取り囲む2棟の建物に挟まれた、大きなドームを戴く建物を提案していた。その後、フェルスターの設計で建てられた建物の大部分が完成していた1857年、施主のユダヤ人団体とフェルスターの対立があり、残る部分をフェスルが引き継ぐことになった。2人の作風の違いが、ディテールを見るとよくわかる。

2階席と天井の見上げ。天窓の周囲の格天井には、正方形を45°回転させて重ねた形を基準に、星形の幾何学模様が描かれている。フェルスターが用いているのはこのような正統派のイスラム文様だ

アークは、ヴィガドー以外には数少ないフェスルの貴重な現存作品である。1990年代の修復でオリジナルの状態に復元された。正方形を重ねてつくられた星形など、イスラム風のデザインも用いられているが、コリント式オーダーを用いた入口、ドームの頂部を飾るロココ調の文様など、さまざまな様式の要素を気軽に採り入れている点が、フェスルらしい特徴だ

CHECK!

ルンバッハ通りのシナゴーグ

（ブダペスト、1870-'73）

Rumbach utcai Zsinagóga

ドハーニ通りのシナゴーグの背後に広がる「エルジェーベト地区」と呼ばれる地区には、第二次世界大戦前までユダヤ系住民が特に集まっていた。第二次世界大戦中はゲットーとされ、ホロコーストやその後の移住で住民のコミュニティが失われたために荒廃していたが、近年整備が進み、シナゴーグも修復されている。ルンバッハ通りのシナゴーグもその一例で、近くのカジンツィ通りのシナゴーグ［11頁］も、ハンガリーの民芸風のチューリップ模様の装飾がユニークな建物だ。

ルンバッハ通りのシナゴーグの内部は、八角形平面の中央にビーマーが、奥にアークが設けられている。花柄の窓が可愛らしい。唐草模様の装飾はスペインのアルハンブラ宮殿を思わせる

ルンバッハ通りのシナゴーグは、フェルスターの事務所に勤務していたオットー・ヴァーグナーの最初の実現作。2本の塔はミナレット（礼拝を呼びかけるためのモスクに付随する塔）から、縞模様のアーチはスペインのイスラム建築からの引用

CHECK!

セゲドのシナゴーグ

（セゲド、1899-1903）

Szegedi Zsinagóga

バウムホルン・リポートは、生涯に20棟以上のシナゴーグを設計した建築家である。1883年から12年間レヒネルの事務所に勤務して、レヒネルが歴史主義から独自の作風を確立するまでの期間を経験し、その間に自らの作風も変化させている。初期にはドハーニ通りのシナゴーグのようなイスラム風のモチーフを多く用いていたが、やがてオリエンタルなドームを戴いた集中式平面にゴシックのディテールを組み合わせて用いるようになった。これに曲線的なレンガの帯など、レヒネル風のアレンジを加えた時期の代表作がセゲドのシナゴーグである。

ビザンチン建築やトルコのモスクのような、大きなドームを戴く神秘的な内部。繊細なゴシック様式の連続アーチに囲まれたドーム頂部は、天窓から入る光に照らされ、見上げると青い天空に吸い込まれそうな気分になる

正面ファサード。尖塔や窓の三葉型のアーチなど、ゴシックのモチーフが使われているが、うねるレンガの帯はレヒネルの影響である。さまざまな要素がよく馴染んだ建物だ

温泉大国ハンガリー
人々を癒やす美しい複合施設

ゲッレールト温泉

CHECK!

セーチェニ温泉

テレク銀行

屋内プール。日中は開閉可能なガラス屋根から自然光が差し込み、明るい雰囲気。列柱に囲まれ、古代ローマの遺跡の中に浮いているような感覚を味わえる

ゲッレールト温泉

（ブダペスト、1909-'18）

Gellért Fürdő

あらゆる様式を採り入れた幻想的な異空間

ハンガリーは、実は世界でも屈指の温泉大国である。その歴史は古く、古代ローマ人が建設した浴場がブダペスト郊外のアクィンクム遺跡で発掘されている。大浴場が社交の場だった古代ローマ時代からしばらくの断絶を経て、ヨーロッパで温泉が再び注目されるのは、医学的効能が注目され始めた18世紀のことだ。19世紀には市民階級の成長と鉄道の発展とともに、長期療養と非日常的な社交の場として温泉町が発達する。

しかし、ハンガリーでは他のヨーロッパとは少し事情が異なり、温泉は都市生活の中に溶け込んでいる。これは、もともと源泉が豊かに湧く土地であったことに加え、オスマン帝国の支配下で再び入浴文化が根付いていたこととも関係しているだろう。

イスラム世界にはローマから蒸し風呂の文化が受け継がれていて、オスマン帝国ではドーム型の屋根を架け、小さな明り取りの天窓をいくつか開けた浴場建築が多く建てられた。ブダペストでも、オスマン帝国の支配下で16世紀に建設されたキラーイ温泉などの温泉が、今でも現役で営業している。ただし、現在のハンガリーでは蒸し風呂ではなく、ぬるめのお湯に浸かる普通の浴場が一般的である。

19世紀には西ヨーロッパから、保養や療養のための温泉の文化が伝わり、セーチェニ

入浴前から楽しい　アール・ヌーヴォーのエントランス

この巨人な複合施設は、橋のたもとの広場に面した東側ファサードにホテルのエントランスを設け、ドナウ川の橋を渡ってやってくる観光客を迎え入れている。そして、丘の麓の北側に温泉のエントランスを設け、日帰り入浴を楽しむ地元客を受け入れている。2つのアクセスを分けることで、日常と非日常を使い分けている。

温泉側のファサードに架かるドーム。うねるような曲線と彫塑的な造形に、歴史的な様式とアール・ヌーヴォーを折衷するヘゲデューシュの作風がよく表れている

温泉側のエントランスホールには、柱のアクセントとしてエオシン釉のかかったジョルナイ社製のタイルも用いられており、幻想の世界へ誘い込まれるようだ

温泉側のエントランスを入った先のギャラリー。古典主義の構成に民芸の花柄がさりげなく組み合わされている。天井を覆うトップライトやステンドグラスにも一部に花柄があしらわれ、カラフルな光が明るく差し込んでいる。このギャラリーを進んだ先の円形のホールで、ホテル側エントランスからのアクセスと合流する

温泉［128頁］のような華やかな施設が建設されるようになった。そんな温泉文化の集大成ともいえるのが、ブダペストのゲッレールトの丘の麓に建設されたゲッレールト温泉だ。薬効のある泥温泉で中世から知られていたが、19世紀末に近くのドナウ川に橋が架けられると、湯治客向けのホテルを備えた複合温泉施設が計画された。

1904年のコンペで、テレク銀行［129頁］などで知られるヘゲデューシュ・アールミンをはじめ、3人の建築家が手がけた案が選ばれた。バロックを基調とした歴史主義に、オリエント風の造形、アール・ヌーヴォーや民芸の装飾などあらゆる様式を採り入れた巨大建築で、世紀転換期のハンガリー建築の最後の煌めきを感じることができる。第一次世界大戦を経て1918年にようやく開業し、その後、屋外に波の出るプールを加え、現在でもブダペストの観光目玉の一つとなっている。

丘側に設けられた温泉施設と、ドナウ川に面したホテルのそれぞれにファサードが設けられているが、特に温泉側のファサードは、玄関にかかる波打つアーチや砲弾型のドームなどに、アール・ヌーヴォーの特色がよく表れている。

内部もハンガリーのアール・ヌーヴォーらしい魅力に満ちている。温泉側ファサードから花弁型のドームの架かったエントランスホールを抜けて続くギャラリーには、ホテル側からの通路が合流していて、パサージュのような華やかで都市的な遊歩空間になっている。そして、ローマ遺跡のような列柱に囲まれた屋内プールや、妖艶で濃厚な色彩の陶板で覆われた大浴場など、それぞれの温泉が、入浴しながら非日常の世界を堪能できる異空間になっている。

青緑色のタイルに覆われた妖艶な大浴場

ゲッレールト温泉の屋内プールは、ヨーロッパの保養地の温泉に広く見られるような明るく健康的な空間だが、大浴場にはトルコの温泉と共通する、薄暗く幻想的な空気が漂っている。湯気にかすみ、天井に話し声が反響するさまも、天井に空いた小さく区画された窓から差し込む光も、キラーイ温泉など、市内のオスマン帝国時代の温泉を想起させる。

男女に分かれた浴場内には、それぞれ温度の異なる2つの浴槽がある。壁にはエオシン釉がかかった青緑色のジョルナイ社のタイルが用いられていて、民芸の植物文様をあしらったメダイヨン（円形の装飾版）がはめ込まれている

大浴場のベンチは滑らかな青緑色の陶板に覆われ、民芸の刺繍モチーフがあしらわれている。同様のモチーフは床やヴォールト天井のモザイクタイルにも大きく描かれている

CHECK!

セーチェニ温泉

（ブダペスト、1909-'13）

Széchenyi Fürdő

ペシュト郊外のヴァーロシュリゲトは、1896年の建国千年記念博覧会の会場にもなった大きな公園で、市民の憩いの場であった。一方、ブダペストの温泉は丘の斜面に湧き出ることが多く、ブダ側に偏っていた。そこで、ヴァーロシュリゲトに岩盤の下の地下水を汲み上げた温泉をつくろうとする計画が起こり、10年がかりで1878年に成功した。施設はすぐに手狭になり、本格的な建築を建てるためにブダペスト工科大学の教授だったツィグレル・ジェーゼーが指名された。

最初の設計案が完成した後で敷地も変更になり、工事はツィグレルの死後の1909年にようやく開始された。ツィグレルはルネサンス様式を得意とした歴史主義の建築家だったが、この建物は入口側から見ると左右対称の均整なバロック様式だ

周囲を建物で囲まれた、まるで宮殿の中庭のような位置にある屋外プールが特に人気。お湯はぬるめで、ずっと浸かっていることができる。豪華な建物を眺めながら、プールの中でチェスに興じる地元客も多い

大きなガラスが覆う三連のベイ・ウィンドウ（出窓）はすっきりしたモダンな印象で、破風のアール・ヌーヴォーのデザインとの対比が面白い。鉄骨造のためにこのような大きな開口が可能になった。破風の後ろの屋根の上にはかつて巨大なアトラス像がそびえていたが、第二次世界大戦で失われた

CHECK!

テレク銀行

（ブダペスト、1905-'06）

Török Bankház

ゲッレールト温泉の設計の中心であったヘゲデューシュ・アールミンは、建築家ベーム・ヘンリクと共同事務所を構えていた。20世紀初頭の彼らの作品にはレヒネルの影響の強い作品が見られる。その影響から少し離れ始める時期に設計されたのが、テレク銀行である。ブダペストの中心街に建つ、間口が狭い5階建てのオフィス建築で、1905年のコンペを経て翌年に建設された。

ハンガリーを擬人化した女神像を描いたモザイク画は、ステンドグラス作家として知られるロート・ミクシャの作品。柱の頂部のメデューサの頭部の装飾はオーストリアのゼツェッシオンによくみられるモチーフで、東欧の20世紀初頭の建築にはよく用いられて官能的な印象をもたらしている。この頭部の上に屋根裏の窓が見える

COLUMN

テーマのある旅①

ゲデッレー

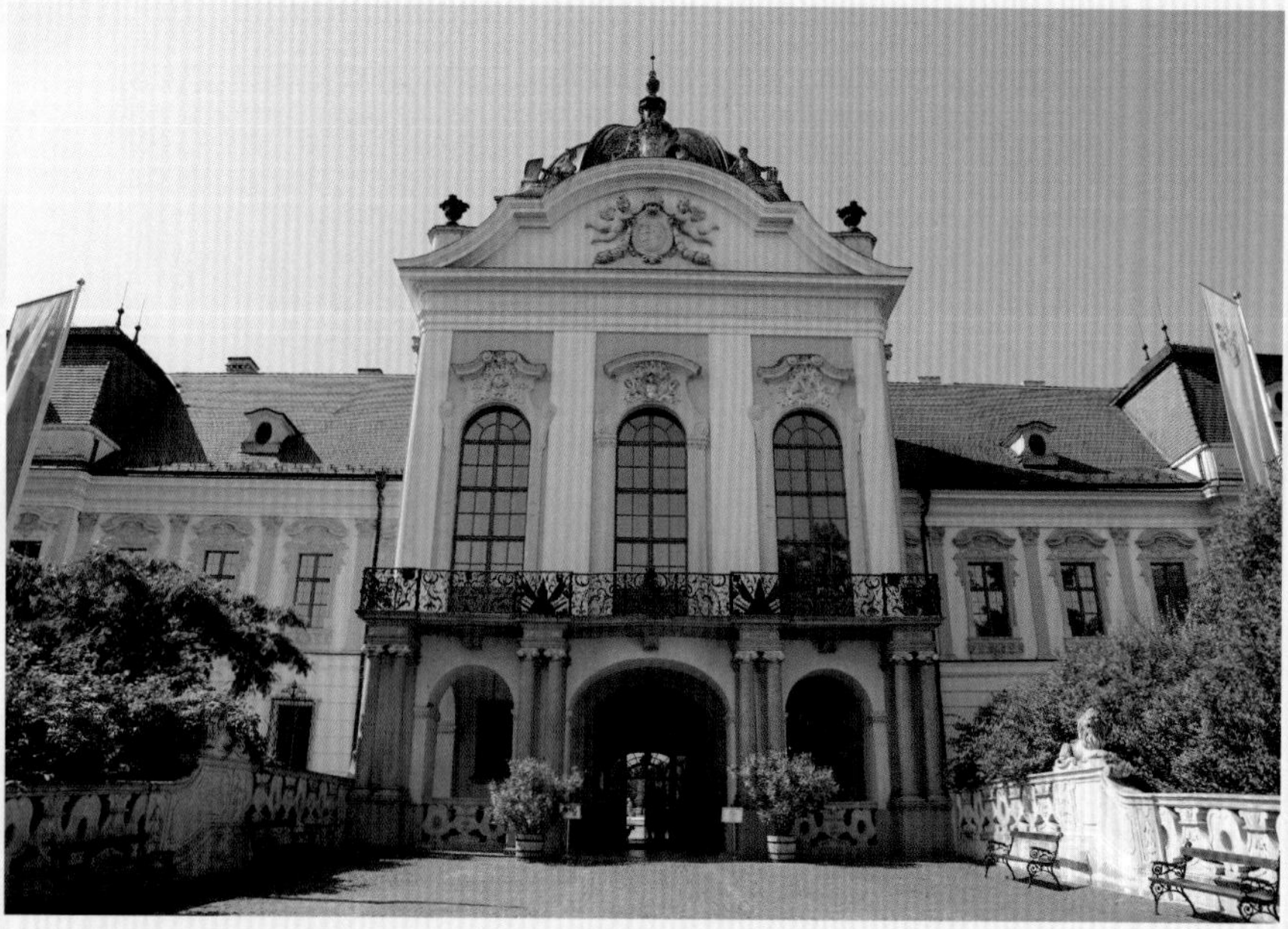

ブダペスト北東にあるゲデッレーは、2つの意味で訪れる価値のある都市だ。

1つめの見どころは、ハンガリーを代表するバロック建築グラッシャルコヴィッチ宮殿。オーストリア=ハンガリー帝国時代の皇帝フランツ=ヨーゼフ1世の皇妃エリーザベトはハンガリー贔屓だったことで知られているが、彼女が好んで滞在したのがこの宮殿だった。宮殿内にはエリーザベト妃の記念展示も設けられている。

2つめの見どころは、ゲデッレーの小さな博物館。20世紀初頭の芸術家コロニーによる作品が数多く収蔵されている。見ごたえのある作品が一堂に会した、ハンガリーでも有数の世紀転換期美術のコレクションである。

ブダペストから郊外電車HÉVで1時間。気軽な半日ツアーにもってこいのゲデッレーを、ぜひ訪れてみてほしい。

1735～'49年に伯爵グラッシャルコヴィッチ・アンタル1世によって中央のコの字型の区画が建設され、その後も増築が繰り返されたが、伯爵家が断絶した後の1867年に国有となった。宮殿の内装は、増改築に合わせて、各時代の様式が混在している。中央の大ホールは1758年頃に仕上げられたロココ様式で、繊細な金縁の装飾が特徴。エントランスホールは1781～'85年に新古典主義で仕上げられ、だまし絵の技法で白い彫刻が並んでいるように見せている

エリーザベト皇妃の時代に改築された区画はビーダーマイヤー様式という、19世紀前半のオーストリアの流行の簡素な表現が用いられており、彼女の好みだった紫色の絹の壁紙で仕上げられている

ケレシュフェーイ=クリーシュによる織物

ナジ・シャーンドルのステンドグラス

1901年に画家ケレシュフェーイ=クリーシュ・アラダールが設立したコロニーには、当時のハンガリーを代表する芸術家が集まり、織物工房やアトリエがつくられた。メッジャサイ・イシュトヴァーン［23頁］も芸術家の自宅をゲデッレーに建設するなど、芸術家コロニーに大きく関わっていた。この建物は私有地にあり、残念ながら気軽には見学できないが、このコロニーで制作された作品は博物館に数多く収蔵されている

墓廟のドーム天井モザイク画の原画

COLUMN

テーマのある旅②

ホッローケー

スロヴァキアとの国境に近いハンガリー北東部の村ホッローケーは、パローツ人と呼ばれる、ハンガリー系の中でも特殊な文化をもつ人々の伝統が守られており、世界遺産に登録されている村だ。

民家は妻側を道に向けて平行に並んでいる。薄い赤い瓦で葺かれた入母屋《いりもや》屋根は、この地域によく見られる特徴で、寄棟屋根の上の隅に煙出しのための開口部をあけたことでこの形状が生まれたと言われている。家々は傾斜地に建っており、道側には荒い石積みの壁に囲まれた半地下の倉庫がある。その上が居住空間となっている。

ハンガリーの建築家たちが農村文化の宝庫としてあこがれたトランシルヴァニアの村々は、現在でも交通の便が悪いが、ホッローケーはブダペストから日帰りも可能だ。気軽に訪れることができるので、足を伸ばしてみてはいかがだろうか。

バス停を降りて石畳の道沿いに進むとすぐに、小さな礼拝堂の両側に白い漆喰で仕上げられた家々が見えてくる。もともとは1本のメインストリート沿いに家が並ぶ単純な構造の村だったが、19世紀に2本の道が平行する現在の姿になったようだ。1909年の大火災の後、伝統的な形式で再建されたのが現在の街並みだ。村に隣接する丘の上にある城塞は、モンゴル侵攻に備えて建設されたものである。城塞から見下ろすと、遠くまで広がる丘と森の中にひっそりとたたずむ村の風景を楽しむことができる

ハンガリーの民家の軒下には、柱の列が並ぶ「トルナーツ」と呼ばれる半屋外のスペースがある。ベンチなどを置いて、夏季には居間のように用いられていた。多くの地方で、トルナーツは入口を設ける平側の一面にのみ設けられており、壁と同じレンガ造で白い漆喰仕上げの太い円柱が用いられている。この村では妻側にも巡らされていて、木彫りの装飾がついたほっそりした木造の角柱が用いられている

民家のいくつかは土産物屋や博物館になっていて、内部見学もできる。内部は3室に分かれていて、入口は中央の台所に設けられていた。台所のかまどの熱は隣の部屋の暖房にも利用されていた。接道に対して奥側の部屋は、寝室や冬季の居間として用いられていた。道に面した側の部屋は「ティスタ・ソバ（清潔な部屋）」と呼ばれ、刺繍を施した装飾的な寝具を積み上げ、壁を絵皿で飾った、接客や特別な行事のときに用いられる空間であった

あとがき

ハンガリー近代建築をめぐる旅はいかがだったでしょうか。写真を見ただけで造形のユニークさが伝わる作品もあれば、設計プロセスを知って初めて理解できる作品もあったかと思います。いずれにしても、本書を通して、ハンガリーの建築の魅力が少しでも伝われば幸いです。

本書で取り上げた建築はいずれも、当時の建築家が、ハンガリーの文化と最新の近代建築の間の葛藤の中で生み出してきた作品です。外国建築の単なる模倣にも、内向きの伝統主義にも陥らないように努力した結果、現在でもハンガリーで広く知られ、愛される作品が生み出されました。自分たちの建築を新たに創出しようとした建築家たちの試みは成功したと言えるでしょう。また、ちょうど同じ時期の日本も、近代化と伝統文化の間でハンガリーと同じような悩みを抱えていたことを考えると、より親しみがわいてくるように思えます。

最後になってしまいましたが、本書のもととなった『建築知識』の連載を企画していただいた佐藤恋さん、そこから引き継いで的確な指導で本書を完成まで導いてくださった本田さん、かわいらしい紙面に仕上げていただいたデザイナー・イラストレーターの皆さんに深く感謝申し上げます。

水野貴博

［参 考 文 献］

ハンガリーには数えきれないほどの近代建築が残されています。 まだまだ紹介したい作品はたくさんあるのですが、 紙幅の都合のために ここで旅を終えざるを得ません。 絶版書もありますが、 本書に掲載できなかった作品については、 以下も参考にしてください。

三宅理一・田原桂一：『世紀末建築６—民俗文化と世紀末』 講談社、1983
『レヒネル・エデンの建築—1900年・ハンガリーの光と影』 INAX、1990
赤地経夫：『レヒネル・エデン—ハンガリーの世紀末建築』 INAX、1990
『ドナウの夢と追憶—ハンガリーの建築と応用美術1896-1916』 京都国立近代美術館、1995
寺田生子・渡辺美紀：『レヒネル・エデンの建築探訪—ハンガリー世紀末建築をガイドする』 彰国社、1995
パルフィ・ジョージ他：『ハンガリーの建築タイル紀行—ジョルナイ工房の輝き』 INAX、2005
川向正人監修：『［新装版］ 世界の建築・街並みガイド５— オーストリア・チェコ・スロヴァキア・ハンガリー・ルーマニア』 エクスナレッジ、2012
小谷匡宏：『アールヌーヴォーの残照—世紀末建築・人と作品』 創英社・三省堂書店、2017
小谷匡宏：『ハプスブルク帝国のアールヌーヴォー建築』 リーブル出版、2020

また、 ハンガリー国内では、 本書で取り上げた建築家についての作品集が数多く出版されていて、 現地の大型書店で販売されています。 いずれもほとんどはハンガリー語ですが、 写真や図版を眺めるだけでも楽しいものです。

ハンガリーの19世紀から戦間期の建築全般についての概説書・研究書・写真集・建築ガイドなど： Moravánszky Ákos, *Építészet az Osztrák-Magyar Monarchiában*, Budapest, Corvina Kiadó, 1988／Moravánszky Ákos, *Competing Visions – Aesthetic Invention and Social Imagination in Central European Architecture*, 1867-1918, Cambridge, The MIT Press, 1998／Déry Attila, Merényi Ferenc, *Magyar Építészet 1867-1945*, Budapest, Urbino, 2000／Sisa József ed., *A Magyar Művészet a 19. Században - Építészet és Iparművészet*, Budapest, Osiris Kiadó, 2013／Ludmann Mihály, *A Magyar Építészet Mesterei*, Budapest, L'Harmattan Könyvesbolt, 2014／Gerle János et al, *A Századforduló Magyar Építészete*, Budapest, Szépirodalom Könyvkiadó, 1990／Pintér K. Tamás, *Budapest Architectura – 1900*, Budapest, Az Alma Grafikai Stúdió és Kiadó, 1998／Gerle János, Lugosi Lugo László, *Szecesszió Budapesten*, Budapest, Magyar Könyvklub, 1999／Bede Béla, *Magyar Szecessziós Építészet*, Budapest, Corvina Kiadó, 2012／Kovács Dániel, *Szecessziós Budapest*, Budapest, Kedves László Könyvműhelye, 2012／Fucskár Ágnes, Fucskár József Attila, *Magyar Szecesszió*, Budapest, Kossúth Kiadó, 2021／Bolla Zoltán, *A Magyar Art Deco Építészete I. rész*, Budapest, Ariton, 2022／Bolla Zoltán, *A Magyar Art Deco Építészete II. rész*, Budapest, Ariton, 2017／Kovács Dániel, *Art Déco és Modern Budapest*, Kedves László Könyvműhelye, 2014／Pamer Nóra, *Magyar Építészet a Két Világháború között*, Budapest, TERC, 2001

レヒネル・エデン： Kismarty-Lechner Jenő, *Lechner Ödön*, Budapest, Képzőművészeti Alap Kiadóvállalata, 1961／*Lechner Ödön 1845-1914*, Budapest, Magyar Építészeti Múzeum, 1985／Gerle János ed., *Lechner Ödön*, Budapest, Holnap Kiadó, 2003／Sisa József, *Lechner - Az Alkotó Géniusz*, Budapest, Iparművészeti Múzeum, 2014／Halász Csilla et al, *Lechner Összes*, Budapest, Látóhatár Kiadó, 2018／Sumegi György, *A Kecskeméti Városháza*, Kecskemét, Kecskeméti Lapok, 1996／Nemes Márta, *Lechner Ödön Földtani Intézete Budapesten*, Budapest, A Lechner Ödön ／Alapítvány, *A Magyar Állami Földtani Intézet*, 1993／Ács Piroska, *Az Iparművészeti Múzeum Palotájának Építéstörténete*, Budapest, Iparművészeti Múzeum, 1996

世紀転換期のハンガリー建築家： Várallyay Réka ed., *Komor Marcell - Jakab Dezső*, Budapest, Holnap Kiadó, 2006／Bakonyi Tibor, *Magyar Ede*, Budapest, Akadémiai Kiadó, 1989／Vámos Ferenc, *Lajta Béla*, Budapest, Akadémiai Kiadó, 1970／*Béla Lajta – Ornamento e Modernità*, Milano, Electa, 1999／Gerle János, Csáki Tamás ed., Lajta Béla, Budapest, Holnap Kiadó, 2018／Pál Balázs, *Kós Károly*, Budapest, Akadémiai Kiadó, 1971／Gall, Anthony, *Kós Károly*, Budapest Mundus Magyar Egyetemi Kiadó, 2002／Fabó Beáta, Anthony Gall, *Kós Károly Világa*, Sepsiszentgyörgy, Székely Nemzeti Múzeum, 2013／Gall, Anthony, *Kós Károly és Sepsiszentgyörgy*, Sepsiszentgyörgy, Székely Nemzeti Múzeum, 2015／Gall, Anthony, *Kós Károly*, Budapest Holnap Kiadó, 2020／Nagy Gergely, Kertvárosunk, a Wekerle, *Veszprém*, Budapest, Magyar Képek, 1994／Csáki Tamás ed., *Árkay – Egy Magyar Építész- és Művészdinasztia*, Budapest, Holnap Kiadó, 2020／Potzner Ferenc ed., *Medgyaszay István*, Budapest Holnap Kiadó, 2004／Lambrichs, Anne, *József Vágó – Un architecte hongrois dans la tournamente européenne*, Bruxelles, Archives d'architecture moderne, 2003

ハンガリーの歴史主義建築家： Farbakyné Deklava Lilla, *Schulek Frigyes*, Budapest Holnap Kiadó, 2017／Ybl Ervin, *Ybl Miklós*, Budapest, Képzőművészeti Alap Kiadóvállalata, 1956／*Ybl Miklós Építész*, Budapest, Hild-Ybl Alapítvány, 1991／Gerle János, Marótzy Kata, *Ybl Miklós*, Budapest, Holnap Kiadó, 2002／Halász Csilla et al, *Ybl Összes*, Budapest, Látóhatár Kiadó, 2014／Gerle János ed., *Hauszmann Alajos*, Budapest Holnap Kiadó, 2002／Sisa József, *Steindl Imre*, Budapest Holnap Kiadó, 2005／*Az Ország Háza – Buda-pesti Országháza Tervek 1784-1884*, Budapest, Szépművészeti Múzeum, 2000／Rosch Gábor, *Alpár Ignác Építészete*, Budapest, Enciklopédia Kiadó, 2005／Rozsnyai József, *Alpár Ignác*, Budapest, Holnap Kiadó, 2020／Komárik Dénes, *Feszl Frigyes*, Budapest, Akadémiai Kiadó, 1993／Gerle János ed., *Feszl Frigyes*, Budapest, Holnap Kiadó, 2004／Tóth Enikő, *Czigler Győző*, Budapest Holnap Kiadó, 2021

ユダヤ教の建築： Gerő László ed., *Magyarországi Zsinagógák*, Budapest, Műszaki Könyvkiadó, 1989／P. Brestyánszky Ilona, *Budapest Zsinagógái*, Budapest, Ciceró Könyvkiadó, 1999／*Baumhorn Lipót – Építész*, Budapest, A Magyar Zsidó Múzeum, 1999／Oszkó Ágnes Ivett, *Baumhorn Lipót*, Budapest Holnap Kiadó, 2020／Müller, Ines, *Die Otto Wagner-Synagoge in Budapest*, Wien, Löcker, 1992

その他のハンガリー建築（民家・カルヴァン派教会建築）： Barabás Jenő, Gilyén Nándor, *Magyar Népi Építészet*, Budapest, Mezőgazda Kiadó, 2004／Balázs Dercsényi et al., *Calvinist Churches in Hungary*, Budapest, Hegyi & Company Publishing House, 1992

世紀転換期のハンガリーの応用美術（ジョルナイ工房・ゲデッレー芸術コロニー）： Zsolnay Teréz et al., *Zsolnay*, Budapest, Corvina Kiadó, 1974／Hárs, Éva, *Zsolnay – Ceramics Factory - Pécs*, Budapest, Helikon, 1997／Gellér Katalin, Keserü Katalin, *A Gödöllői Művésztelep*, Gödöllő, Cégér,1987／Geller Katalin, *A Gödöllői Művésztelep 1901-1920*, Godollő, a Gödöllői Városi Múzeum, 2001

水野貴博

1974年愛知県生まれ。'97年東京大学工学部建築学科卒業、2001～'03年ハンガリー政府給費留学生としてブダペスト工科経済大学留学。'07年東京大学工学系研究科建築学専攻博士課程修了。博士（工学）。東京理科大学理工学部建築学科助教などを経て、'20年より西日本工業大学デザイン学部建築学科教授

ハンガリーのかわいい建物

2024年6月24日　初版第一刷発行

著者　水野貴博

発行者　三輪浩之

発行　株式会社エクスナレッジ
〒106-0032
東京都港区六本木7-2-26
https://www.xknowlege.co.jp

問合せ先　編集　Tel：03-3403-1381
Fax：03-3403-1345
info@xknowledge.co.jp
販売　Tel：03-3403-1321
Fax：03-3403-1829